KAKURO PUZZLES

VOLUME 6

Visit us!
www.kappapuzzles.com

KAPPA Books
A Division of KAPPA Graphics, LP

INTRODUCTION

Welcome to the world of Kakuro! Like its similarly Japanese-named cousin Sudoku, the Kakuro puzzle is actually of American origin; Kappa Books has been publishing them for years as Cross Addition puzzles. Kakuro puzzles are based very closely on crossword puzzles. The reason they look different is that the "clues" are so short they fit within the puzzle diagram itself. As you can see in the puzzle fragment below, the clues are just numbers embedded in gray squares on one side or another of a diagonal line. The 24 in the top row below signifies that the three white squares directly below it are to be filled with digits that add up to 24. Likewise, the 35 in the third row means that the sum of the digits in the seven white squares to its right will be 35. The numbers that go in the blanks are the digits 1 to 9 (no zeroes!), and no digit can be used more than once in a single "word."

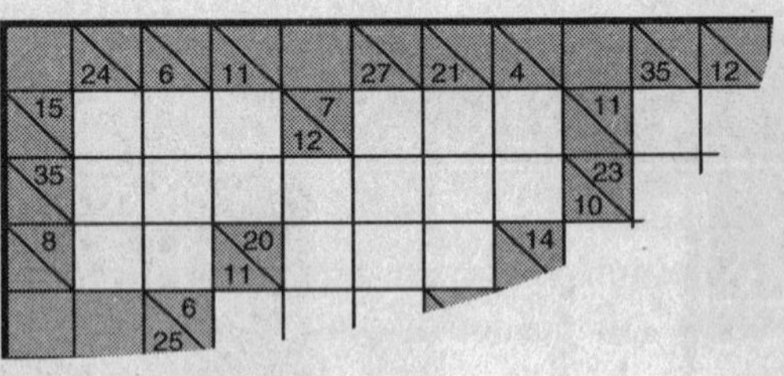

It might seem like a daunting task at first to deduce from this scant information the unique correct responses, but a little familiarity with the puzzles and a few rules of thumb will make it all very doable.

Notice that some of the smallest and largest possible sums can only be expressed one way, while ones in the middle of the range are more uncertain. That is, there's only one way to express 3 or 17 as the sum of two different numbers ("1 + 2" and "8 + 9"), and lots of ways to express 11 ("2 + 9," "3 + 8," "4 + 7," and "5 + 6"). Let's try an example in our sample diagram. Look at the 4 in the top row which indicates that the two numbers below it add up to 4. The 4 doesn't indicate "2 + 2" since a 2 can only be used once. Thus, the 4 means "1 + 3" (or "3 + 1"). One could pencil in "1,3" in each of the two blanks below the 4. Next, look at the 7 in the second row. The only three unique digits that can add up to 7 are 1, 2, and 4, in some order. Therefore, one could pencil in "1,2,4" in each of the three blanks next to the 7 in the second row. Notice that we have established two sets of possibilities for the square directly below the 4 — "1 or 3" and "1 or 2 or 4." Do you see that, since 1 is the only digit in both sets, this square can only hold a 1? We'll return to this example again in a while.

Because it's so important to recognize sums like these with unique representations, we've put together a table (shown at the top of the next page) that summarizes this information.

"WORD" LENGTH	MINIMUM SUM	MAXIMUM SUM	UNIQUE REPRESENTATIONS			
2	3	17	3=1+2	4=1+3	16=7+9	17=8+9
3	6	24	6=1+2+3	7=1+2+4	23=6+8+9	24=7+8+9
4	10	30	10=1+2+3+4	11=1+2+3+5	29=5+7+8+9	30=6+7+8+9
5	15	35	15=1+2+3+4+5	16=1+2+3+4+6	34=4+6+7+8+9	35=5+6+7+8+9
6	21	39	21=1+2+3+4+5+6	22=1+2+3+4+5+7	38=3+5+6+7+8+9	39=4+5+6+7+8+9
7	28	42	28=1+2+3+4+5+6+7	29=1+2+3+4+5+6+8	41=2+4+5+6+7+8+9	42=3+4+5+6+7+8+9
8	36	44	All sums have unique representations			
9	45	45	45=1+2+3+4+5+6+7+8+9			

Let's look at how the table is organized. Suppose you have four blanks that add up to 11, you can look at the row in the table corresponding to a word-length of 4. Reading across that row, you will first see that the sum of four digits is no less than 10 and no more than 30. Continuing along, you'll see that there are four sums with unique representations. In particular, you'll see that 11 can only be expressed as a sum of four different digits in only one way: 1 + 2 + 3 + 5.

The information in this table can also be used in slightly more subtle ways. Let's go back to our sample diagram. We determined before that there's a 1 in the square below the 4. Since we saw that the "word" next to the 7 consists of a 1, a 2, and a 4, in some order, the digit directly below the 21 is a 2 or a 4. That number, added to the two below it, gives a sum of 21. If we look in the table at the row corresponding to a word-length of 3, we won't get any help; 21 isn't a sum with a unique representation. However, we can use the table to see that the two bottom digits for our sum of 21 can add up to no more than 17. Thus, the top digit must be at least (21 - 17 =) 4. Since we already know that it's 2 or 4, we can deduce that it's a 4. We can also use the table to determine that the two numbers directly below the 4 sum to (21 - 4 =) 17, so they are 8 and 9, in some order.

Often, extreme sums aren't enough to get us all the way to a solution. In such a case, one whittles down the list of possibilities as best one can, working back and forth between the "across" clues and the "down" clues. Figuring out a digit sometimes leads to a chain of deductions that flows back halfway across the puzzle to help with a sticky problem. We've provided a scratch pad for each puzzle, so you can test out sums and eliminate impossibilities.

Be warned, the problems get more difficult as you advance through the magazine. Good luck and happy solving!

Kakuro 1

■	↓11	↓6	■	↓23	↓4	↓17	■	↓22	↓7	■	↓21	↓7	↓4
→6			→16				→9			→7			
→10			→10 ↓24				→15 ↓13			→14			
■	→18				→13				↓18	→10 ↓8			■
■	↓4	→16 ↓6			↓10	→22 ↓11						↓11	↓7
→11				→14 ↓12			↓24	→9 ↓29			→14 ↓17		
→7			→25 ↓13							→12 ↓11			
■	↓17	→15 ↓8			→13 ↓7				→13 ↓10			↓11	↓3
→20				→30 ↓15							→11 ↓12		
→11			→8 ↓21			↓22	→16 ↓12			→11 ↓20			
■	■	→19 ↓6						↓18	→9			↓17	■
■	→12 ↓4			■	→13 ↓16				→13 ↓4				↓10
→12				→17			→13				→9		
→6				→16			→11				→17		

Answer on page 126

Scratch pad:

Kakuro 2

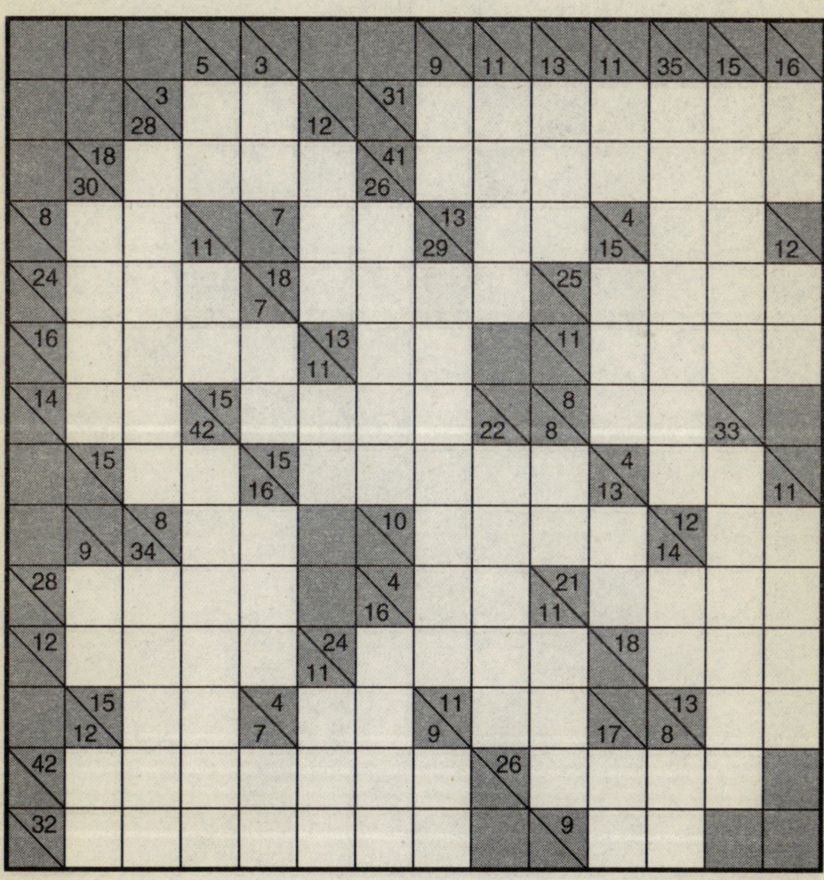

Answer on page 126

Scratch pad:

Kakuro 3

■	↓13	↓5	↓10	■	■	↓4	↓17	■	↓9	↓12	■	↓35	↓16
→21				↓20	→7			↓16 →17			↓7 →10		
→13					↓28 →36								
■	↓12	↓30	→7			→9			↓9 →11				
→12			↓10 →17			↓11 →9				↓14 →9			
→29								→13			↓19 →12		
→9				↓22 →6			■	■	↓30 →4			↓11	↓21
→34						■	■	↓17 →15					
■	↓32	↓16 →6			↓11	■	↓18 →9			↓20 →14			
→9			↓10 →15			↓19 →39							
→12				↓13 →8				→8			→12		
→23					↓9 →11			↓6 →16			↓5	↓10	↓12
→38									→15				
→3			→17			→4			■	→20			

Answer on page 126

Scratch pad:

Kakuro 4

	11\	23\		10\	3\	18\		31\	11\			7\	20\
\10			\11				\16				21\12		
\5			\19				3\9			\13			
\12			7\	23\	18\13					17\6			
\16						\6			5\9			17\	21\
		13\20				3\	11\28						
	19\27							14\10			\9		
\4				10\	13\18				21\	14\	7\14		
\11			19\5			19\31							
\34							5\	\16				27\	20\
	13\	7\11			18\4			12\15					
\7				\15					16\	13\	\17		
\13				\11			\13				\16		
\13				\13			\19				\9		

Answer on page 126

Scratch pad:

Kakuro 5

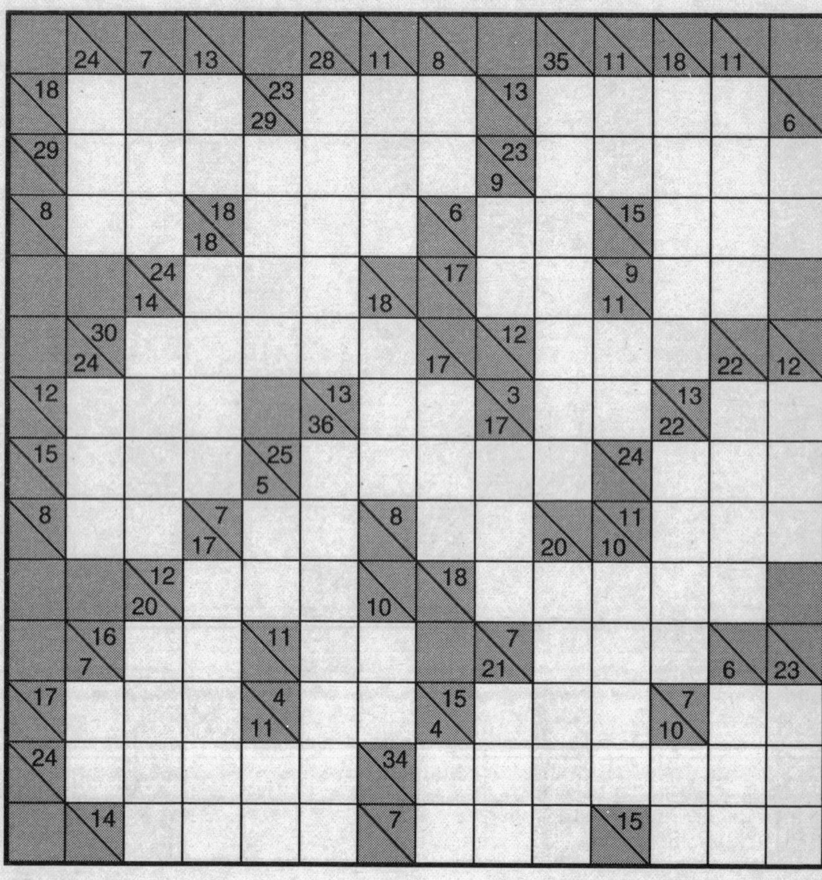

Answer on page 126

Scratch pad:

Kakuro 6

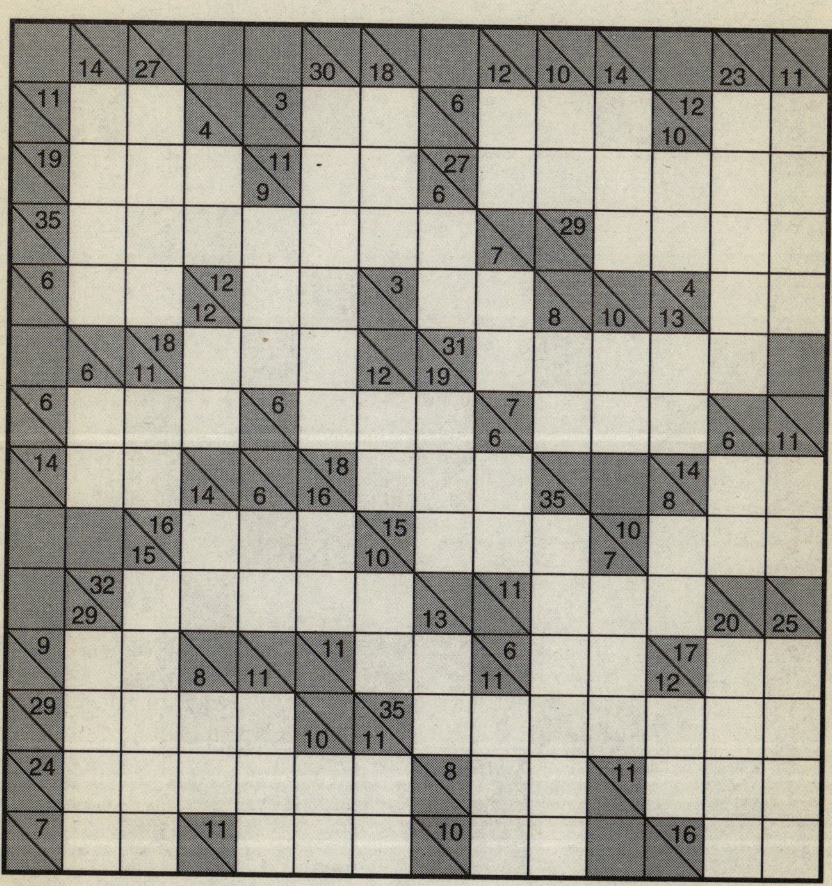

Answer on page 126

Scratch pad:

Kakuro 7

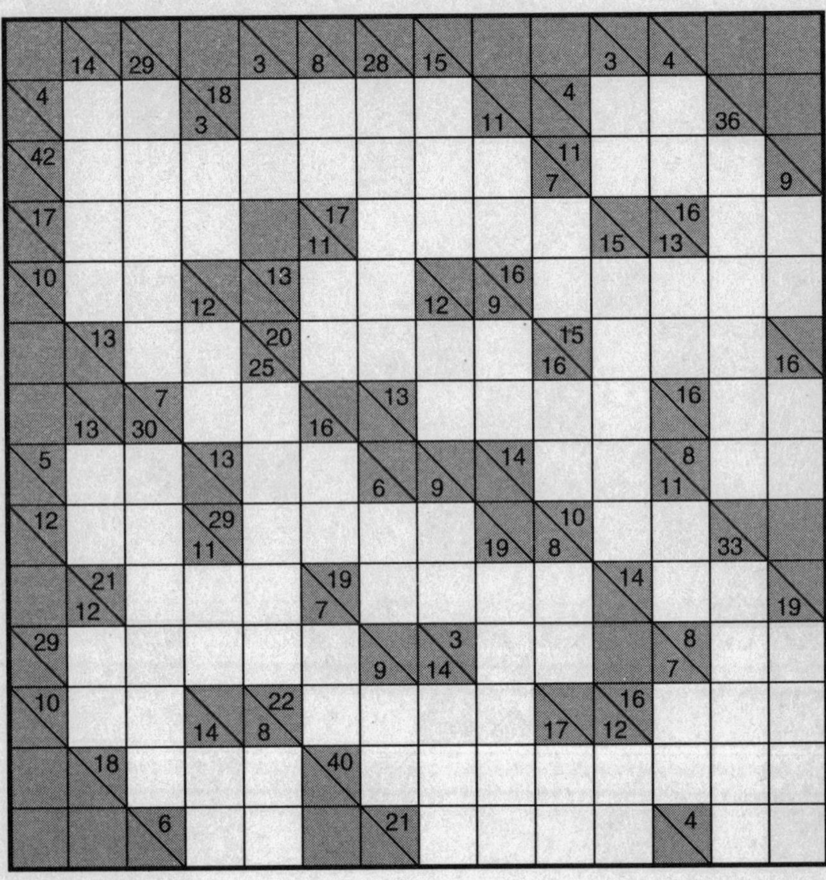

Answer on page 127

Scratch pad:

Kakuro 8

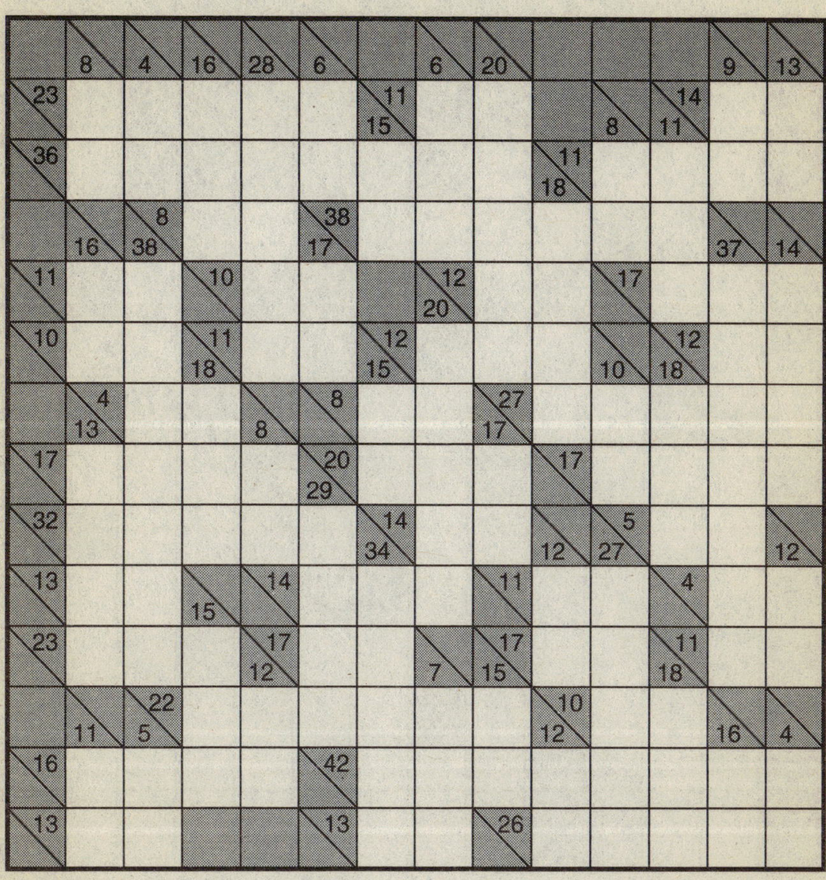

Answer on page 127

Scratch pad:

Kakuro 9

	9\	6\	16\	16\			22\	8\	15\			11\	19\
\20					11\	\11					\17		
\35						12\24				13\	23\10		
	10\	16\	21\16					16\24					
\11				16\	11\6				10\7			11\	15\
\23						35\	11\24						
	8\	20\42								9\	19\3		
\20					12\22				6\20				
\10			11\	19\39								14\	8\
\26							21\	12\16					
	19\	11\10			21\11				4\	6\19			
\24						8\16					3\	17\	12\
\17				\18				\18					
\10				\23					\21				

Answer on page 127

Scratch pad:

Kakuro 10

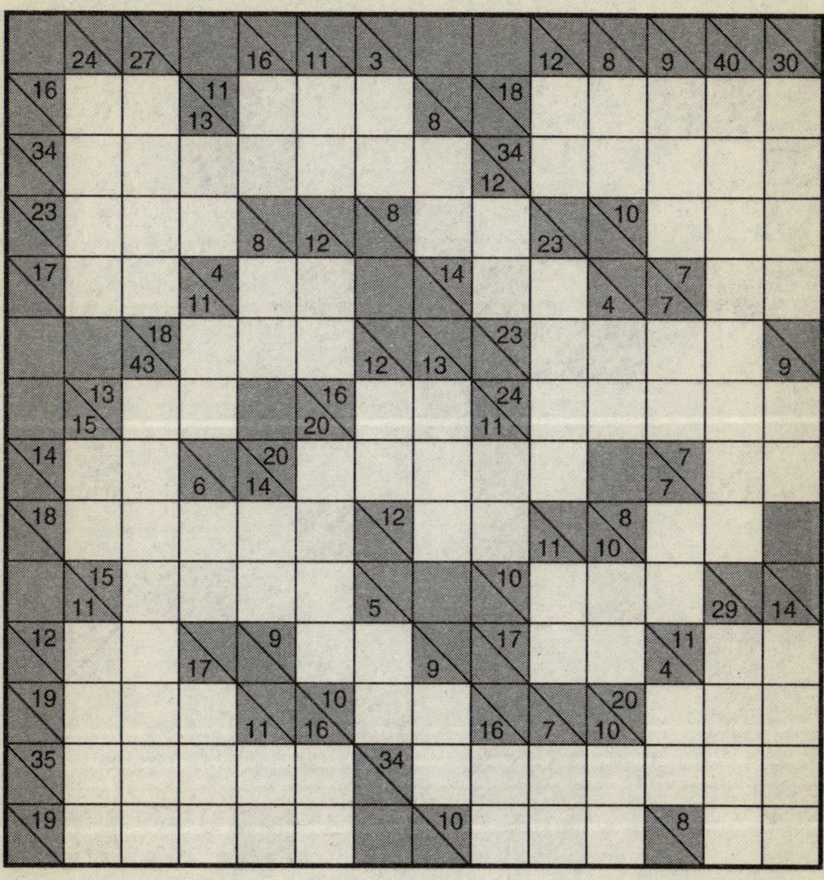

Answer on page 127

Scratch pad:

Kakuro 11

■	■	■	11\	29\	■	8\	5\	18\	■	■	24\	30\	8\
■	9\	7\9			13\11				■	\13			
\37									24\	29\23			
\35						13\	34\17						■
■	11\	9\7			12\9			17\14					3\
\17			16\	32\26							12\8		
\25						17\10			\15				
■	8\	30\10			\14				12\9			11\	3\
\24					7\16			13\23					
\16			28\34							11\	30\11		
■	\10					11\16			13\13			11\	3\
■	14\34						15\	11\16					
\19				■	\40								
\13				■	\17				\11			■	■

Answer on page 127

Scratch pad:

Kakuro 12

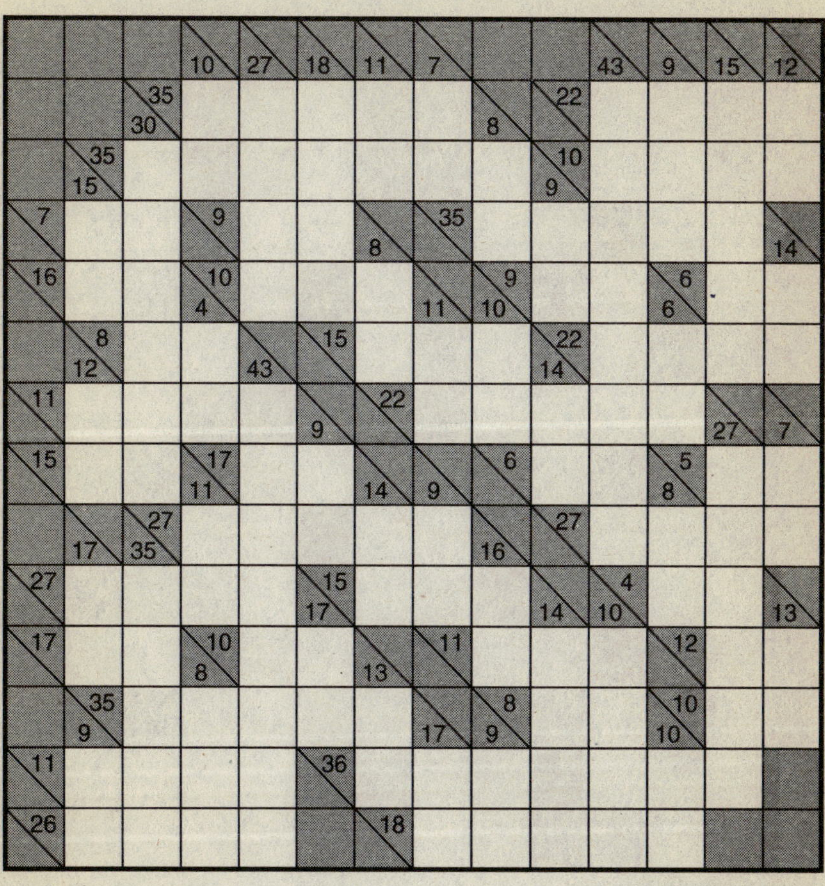

Answer on page 127

Scratch pad:

Kakuro 13

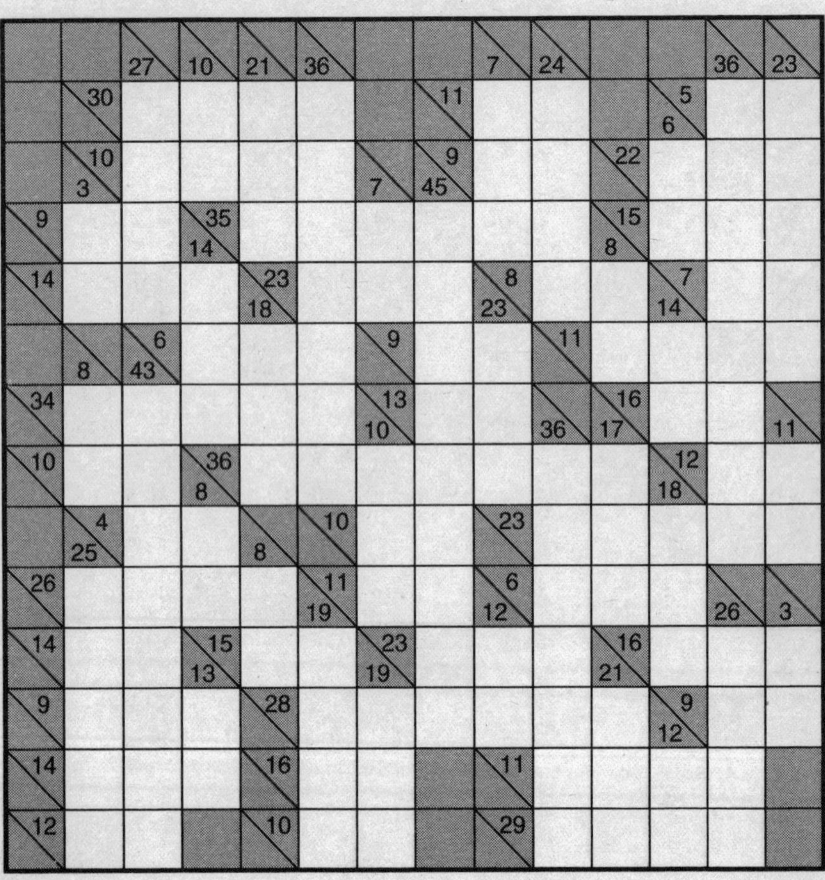

Answer on page 128

Scratch pad:

Kakuro 14

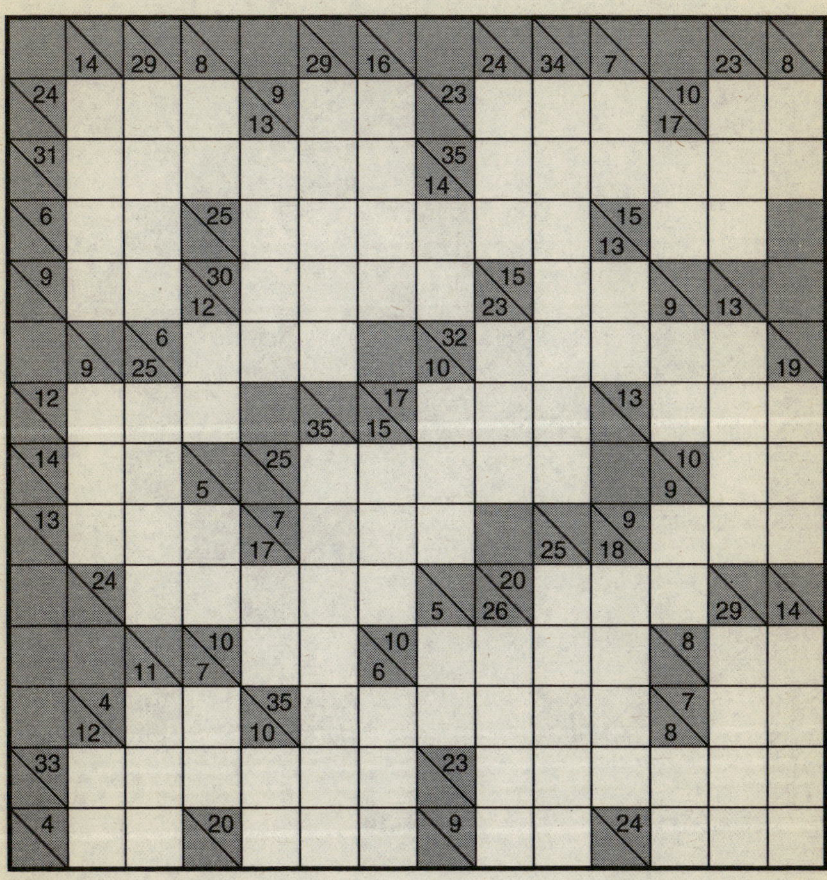

Answer on page 128

Scratch pad:

Kakuro 15

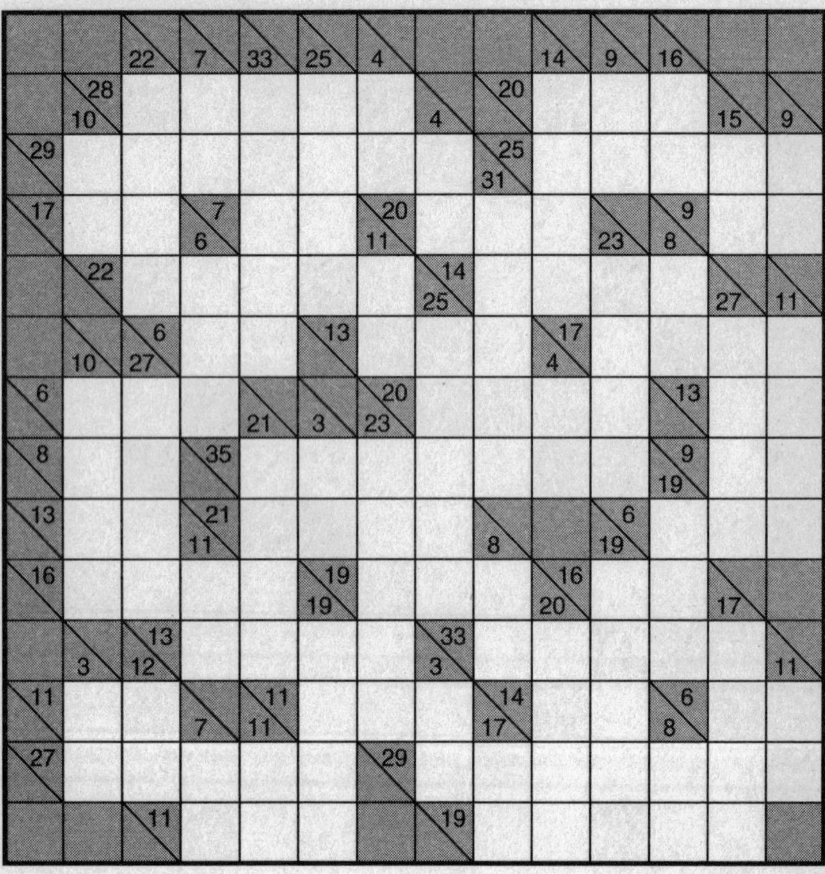

Answer on page 128

Scratch pad:

Kakuro 16

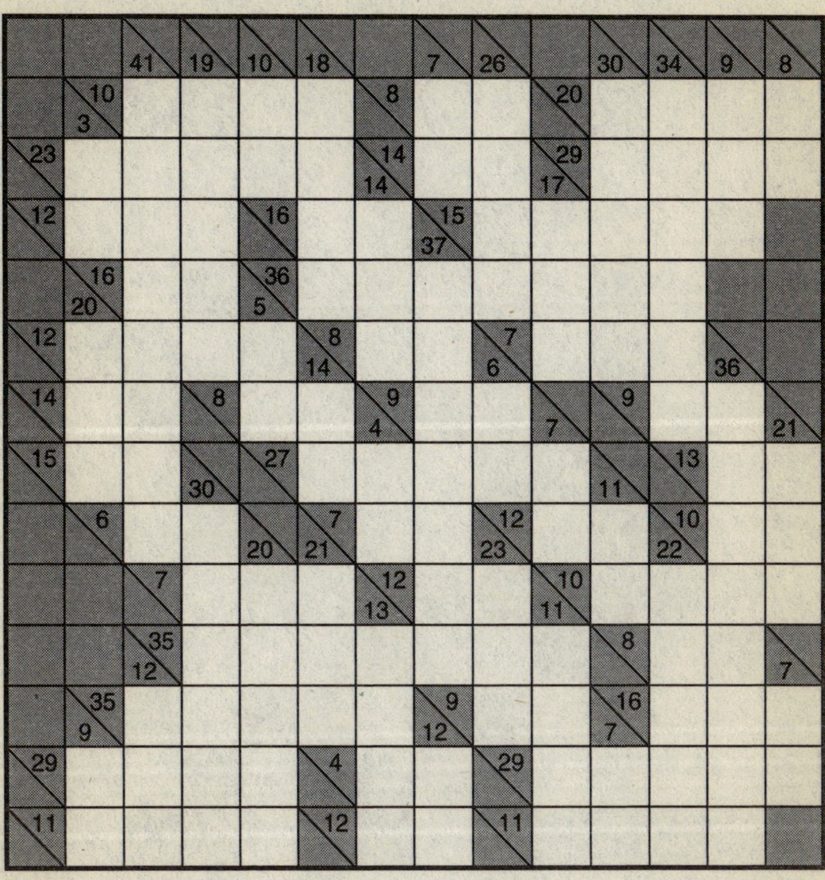

Answer on page 128

Scratch pad:

Kakuro 17

■	8\	42\	■	■	4\	30\	■	23\	12\	■	■	■	■
\3			7\	\10			\10			8\	24\	8\	16\
\17				16\9			45\29						
■	32\23				22\12				20\29				
\4			\22							9\8			■
\9			17\26					10\9			■	36\	25\
\33						10\29					16\13		
\24				11\	13\11				15\	26\23			
\14			\15					30\27					
■	■	22\	7\12			17\14					\10		
■	4\12			11\35							13\11		
\11					8\21				5\7				6\
\31							\13			\13			
■	■	■	■	\9			\9			■	\11		

Answer on page 128

Scratch pad:

Kakuro 18

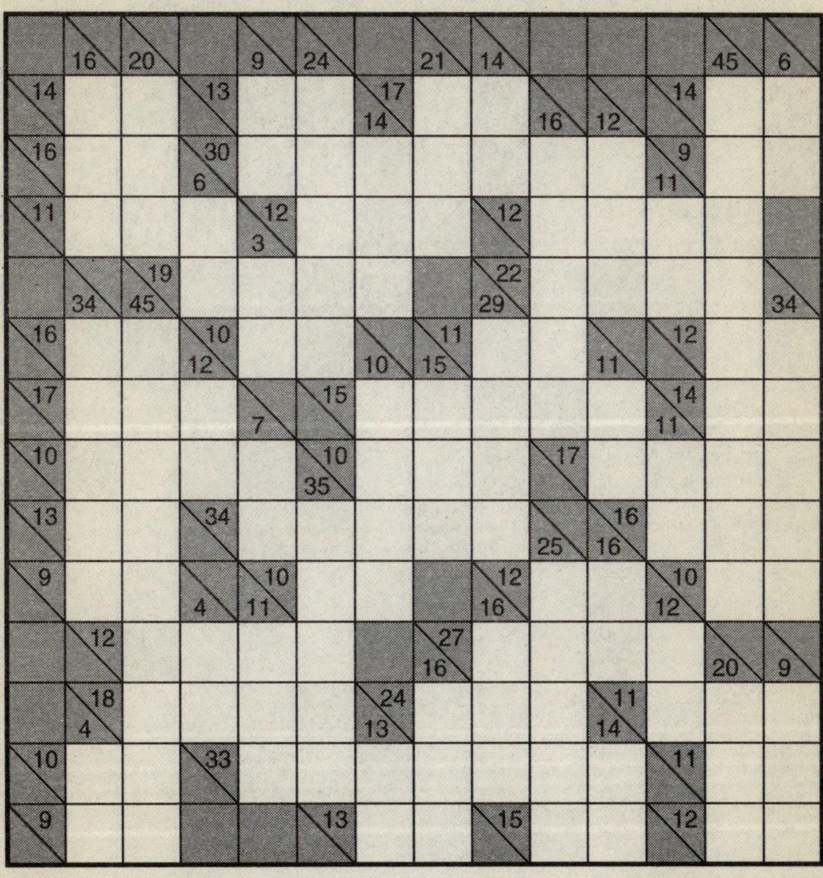

Answer on page 128

Scratch pad:

Kakuro 19

	6\	32\	23\	17\		9\	10\				24\	33\	8\
\29					\11			6\	24\	22\10			
\14					17\44								
	9\17					30\	\34						6\
\17			15\10				26\	\8			\8		
\29								\3			19\14		
	\15			25\	\14			10\11					
		32\11			32\21				\3			25\	
	9\24					\12			11\	22\7			13\
\4			\9			\34							
\8			14\12			10\	\17				24\10		
	16\34						9\	12\13					11\
\39									\14				
\17						\4			\30				

Answer on page 129

Scratch pad:

Kakuro 20

■	↓8	↓9	↓5	↓22	■	■	■	↓9	↓10	↓33	■	↓32	↓18
→10					↓6	↓41	→24				↓20 →17		
→38							↓45 →30						
■	■	■	↓10 →25					■	→13				
■	↓14	↓11 →4			↓15 →3			■	↓8 →7				↓3
→35								↓42 →5			→11		
→19				↓34 →38							↓26 →8		
■	↓8	↓30 →13			↓15 →22				↓12 →8			↓6	↓4
→4			→35							↓34 →15			
→7			↓17 →10			→31							
■	↓18 →20				■	→13			↓9 →7			■	■
→18					↓14	↓9 →28					↓10	↓3	↓7
→34							→21						
→4			→22				■	■	→18				

Answer on page 129

Scratch pad:

Kakuro 21

■	11\	23\	■	17\	25\	■	12\	18\	■	■	9\	37\	30\
\14			16\11			8\11			■	3\12			
\36									8\22				
\12				7\12			\18				\9		
\11			12\11			9\	13\7			11\	3\7		
■	■	36\13			\5			■	4\17				7\
■	11\10			■	11\11			10\20					
\6			3\	13\15			16\10			■	7\6		
\20						\8			■	13\7			■
■	30\19				4\	21\11			13\10			19\	30\
\9			■	10\10			■	7\14			5\7		
\14			11\15				12\3			16\19			
\13					\44								
\21				■	\9			\13			\9		

Answer on page 129

Scratch pad:

Kakuro 22

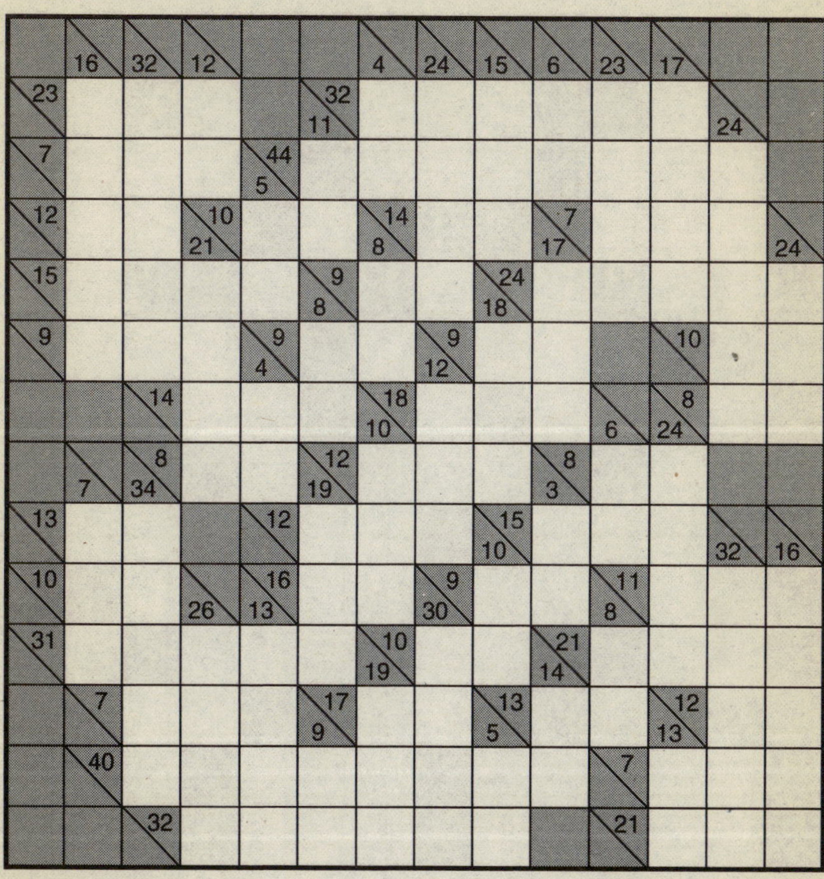

Answer on page 129

Scratch pad:

Kakuro 23

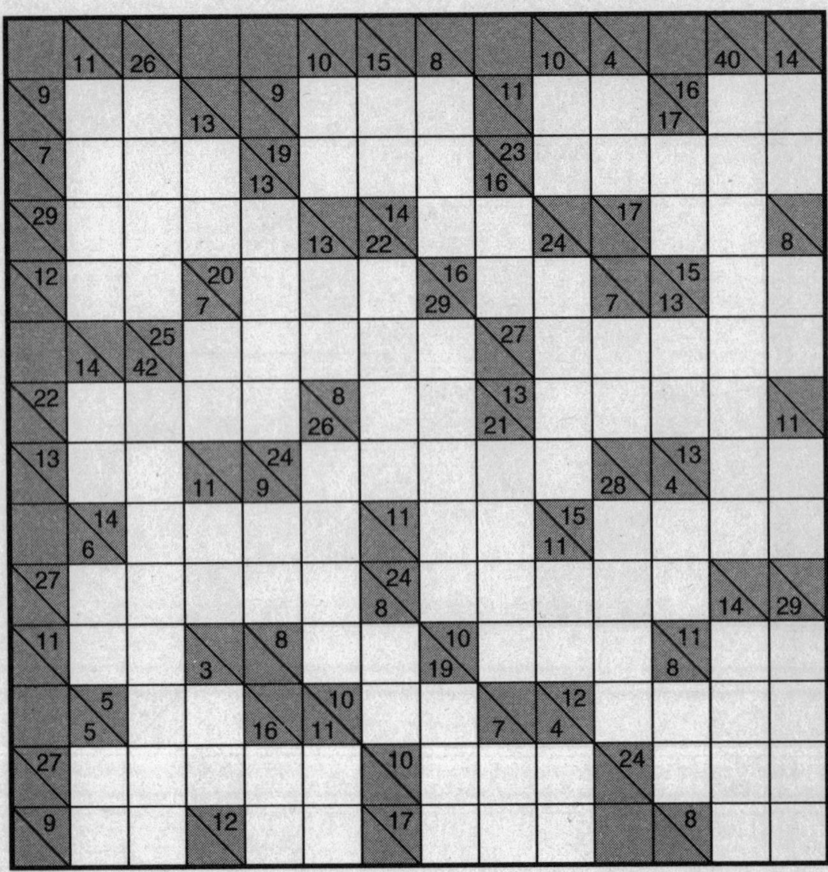

Answer on page 129

Scratch pad:

Kakuro 24

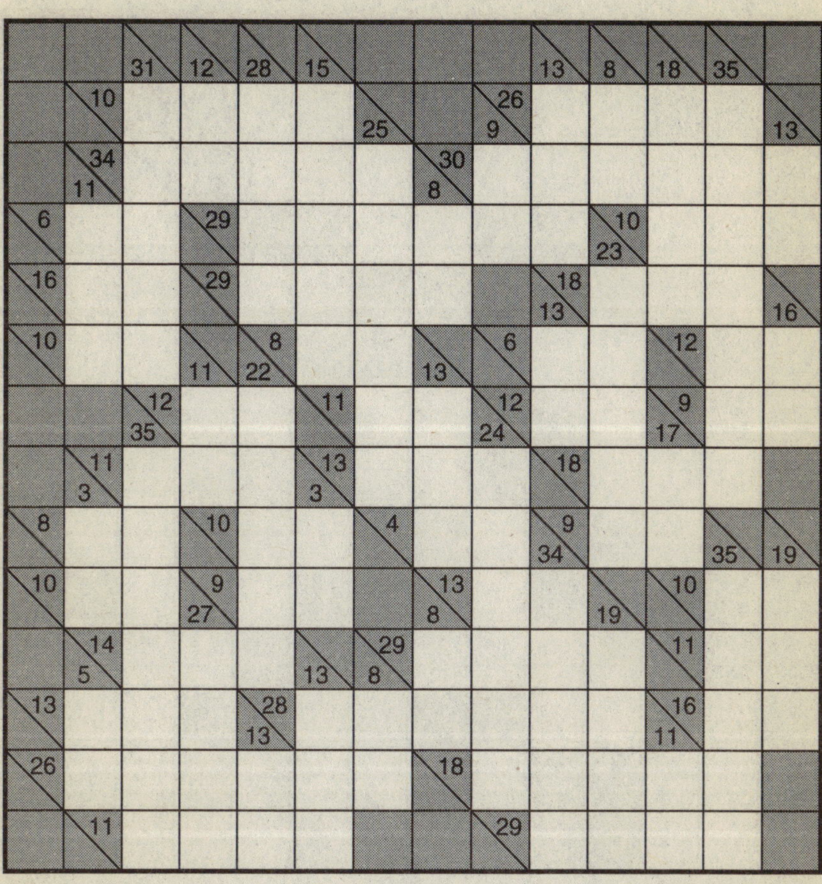

Answer on page 129

Scratch pad:

Kakuro 25

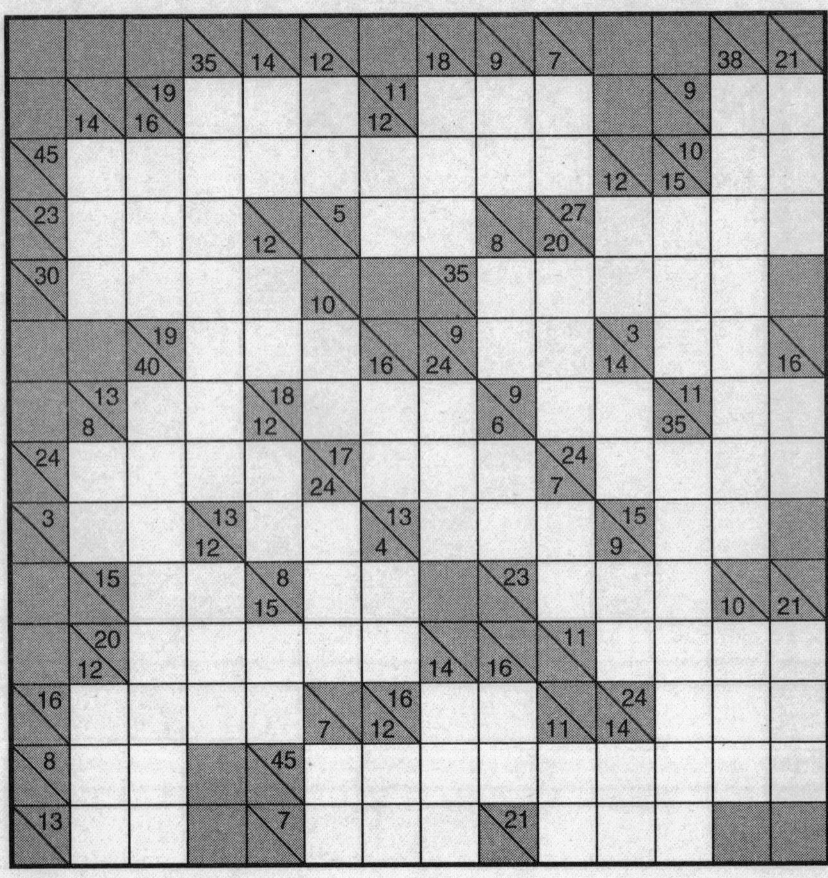

Answer on page 130

Scratch pad:

Kakuro 26

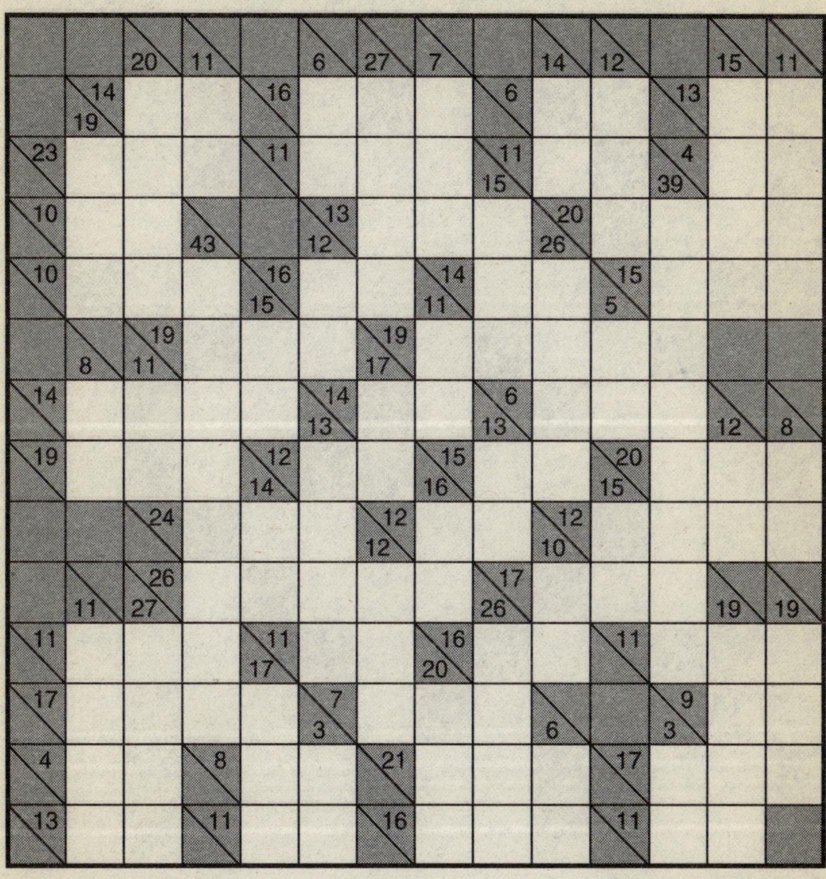

Answer on page 130

Scratch pad:

Kakuro 27

■	11\	29\	■	■	19\	9\	■	9\	18\	■	20\	12\	17\
\10			■	17\11			19\9			\14			
\14			\29							7\11			
\7			18\29					13\24					■
■	\24					17\12			20\7			26\	■
■	■	27\10			10\20					16\4			10\
■	11\5			14\10			\17				\17		
\17			\8			15\	■	7\12			22\7		
\8			27\14				17\5			22\17			■
■	\16			7\12					22\10			24\	■
■	■	11\5			13\17			16\16					10\
■	14\29					11\10					\8		
\17				\31							\15		
\10				\12			\17			■	\10		

Answer on page 130

Scratch pad:

Kakuro 28

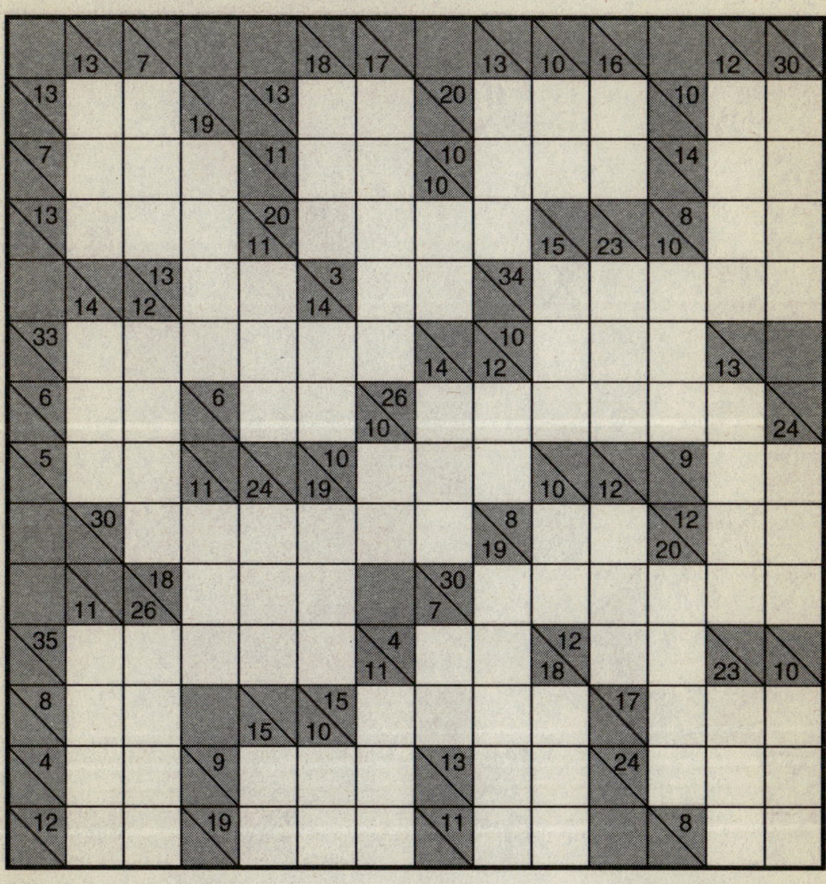

Answer on page 130

Scratch pad:

Kakuro 29

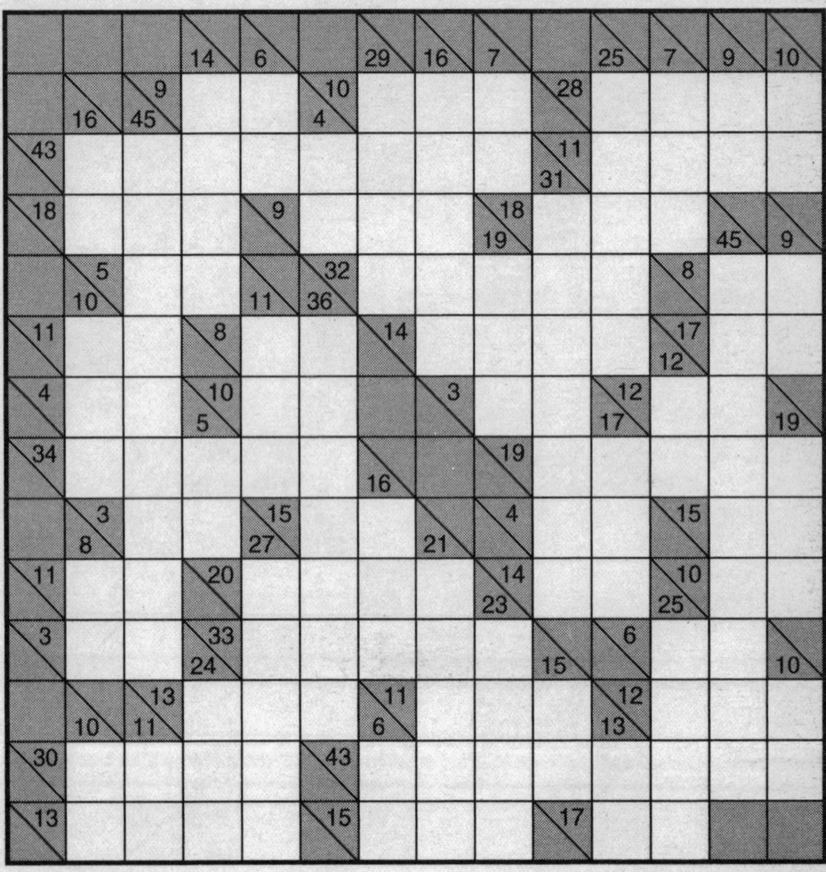

Answer on page 130

Scratch pad:

Kakuro 30

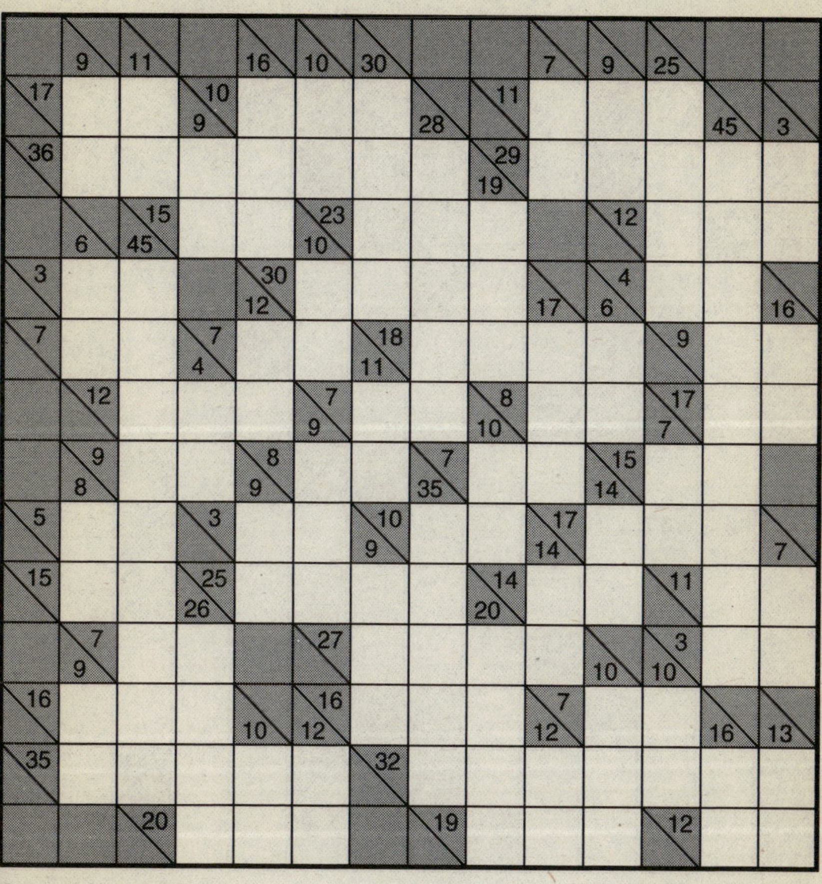

Answer on page 130

Scratch pad:

Kakuro 31

■	↓5	↓35	■	↓15	↓43	■	■	■	■	↓16	↓10	↓19	↓35
→12			→13			■	■	■	↓13 →29				
→9			↓7 →8			■	■	→15					
■	↓30 →12					■	↓14	↓12 →12			↓16 →7		
→34						↓8 →12				↓15 →11			
→11			→31						↓40 →21				
→9			■	↓11 →29								↓34	↓29
→7			↓7 →6			↓7	↓20	↓7 →8			→16		
■	↓34	↓18 →36								↓35	→10		
→10					↓16 →25						↓10 →12		
→16				↓17 →11				→31					
→10			↓7 →3			■	■	→16					↓8
→25						■	■	→13			→16		
→30					■	■	■	→8			→9		

Answer on page 131

Scratch pad:

Kakuro 32

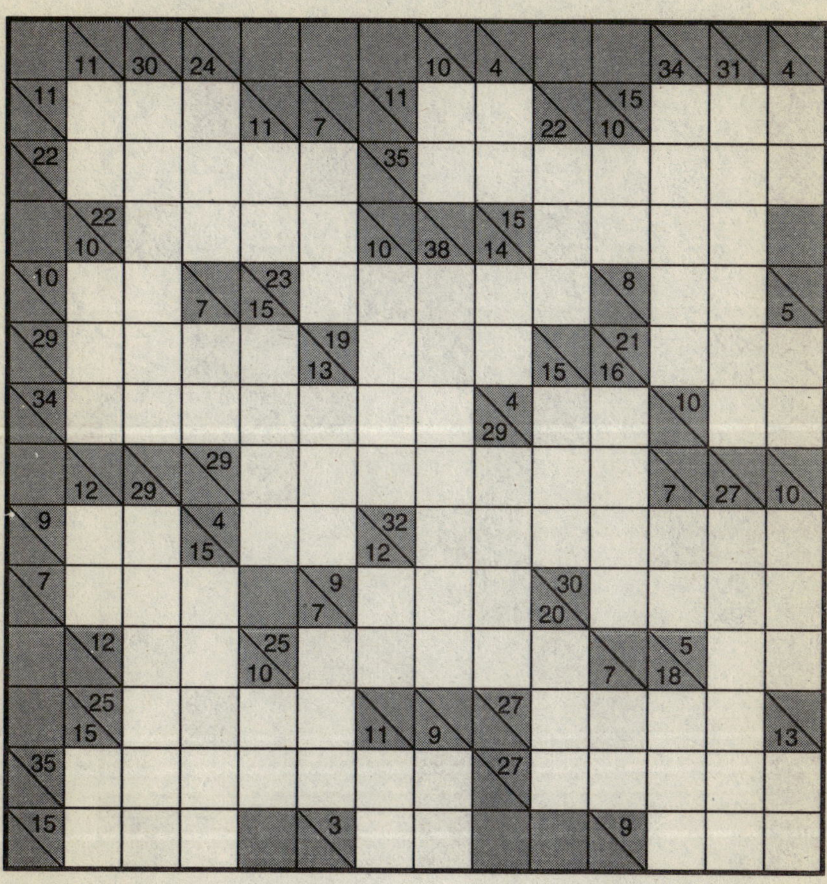

Answer on page 131

Scratch pad:

Kakuro 33

■	↓11	↓35	■	↓9	↓33	↓13	↓7	■	■	■	↓8	↓27	↓10
→6			↓9 →30					■	↓13	↓17 →12			
→34								↓12 →29					
→12				↓11 →8			→13				↓28 →9		
→9			↓35 →4			■	↓28 →11			→12			
■	↓13 →22					↓11 →10			■	↓10 →3			■
→18				↓8 →19				↓7	→13			↓35	↓7
→18					→18				↓34 →23				
■	■	↓23 →5			■	↓11 →23				↓5 →11			
■	↓29 →17			■	↓13 →11			→20					↓30
→17				↓12 →11			■	↓18 →8			↓4 →10		
→9			↓4 →12				↓11 →16			↓13 →12			
→17						→36							
→10				■	■	→10					→16		

Answer on page 131

Scratch pad:

Kakuro 34

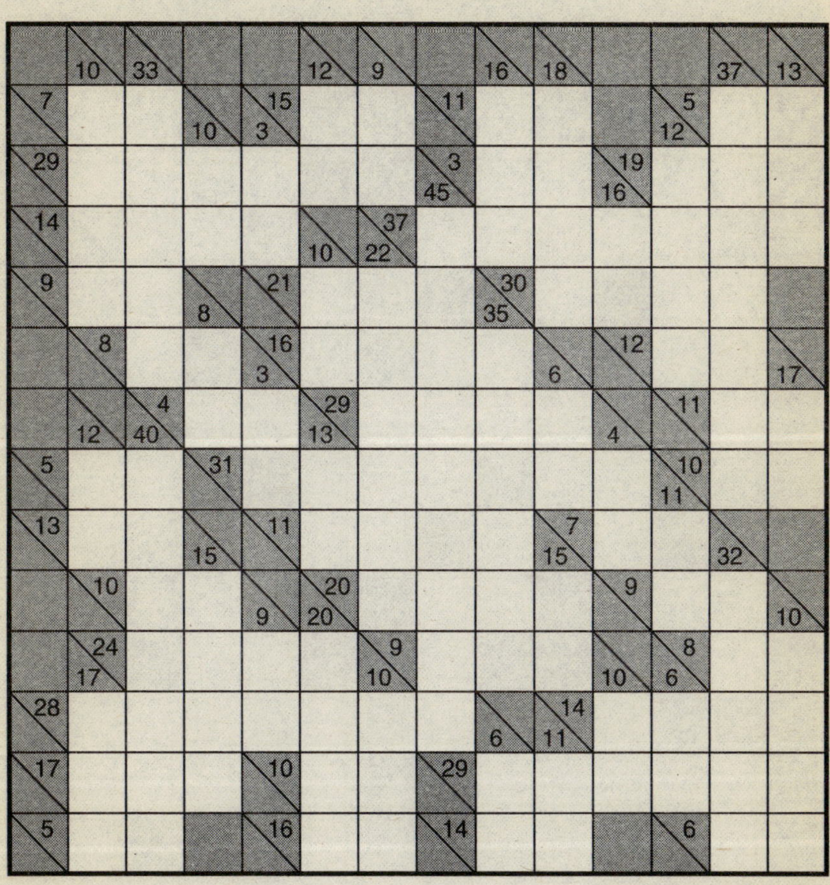

Answer on page 131

Scratch pad:

Kakuro 35

■	9\	35\	■	■	36\	14\	■	■	10\	24\	35\	8\	6\
\12			6\	36\13			■	\18					
\21							16\	12\35					
■	18\33								\8			10\	6\
\9			\8			18\10			6\	\9			
\12			\23				17\13			35\22			
\4			35\30					12\15				34\	■
■	\17				9\17				37\10				10\
■	10\	9\19				13\20					\6		
\6				\10			17\16				\16		
\21				23\	\11			20\8			14\10		
■	8\	16\16			6\33								13\
\34						■	\21						
\27						■	\15			■	\15		

Answer on page 131

Scratch pad:

Kakuro 36

Answer on page 131

Scratch pad:

Kakuro 37

■	■	21\	10\	7\	■	■	14\	11\	12\	■	■	43\	7\
■	\11				16\	6\19				9\	\6		
■	13\45										6\8		
\11			16\	17\11			35\	7\25					■
\23					■	\5			13\	9\3			11\
■	10\	42\16			■	8\12					11\11		
\13			14\	■	\13			3\26					
\8				10\	16\12				■	\19			
\32						10\7			■	8\	6\13		
\11			10\17					■	\9			27\	4\
■	\14			9\	13\13			8\	7\17				
■	9\25					7\	12\5			17\	3\9		
\11			\45										■
\3			■	\7				■	\12				■

Answer on page 132

Scratch pad:

Kakuro 38

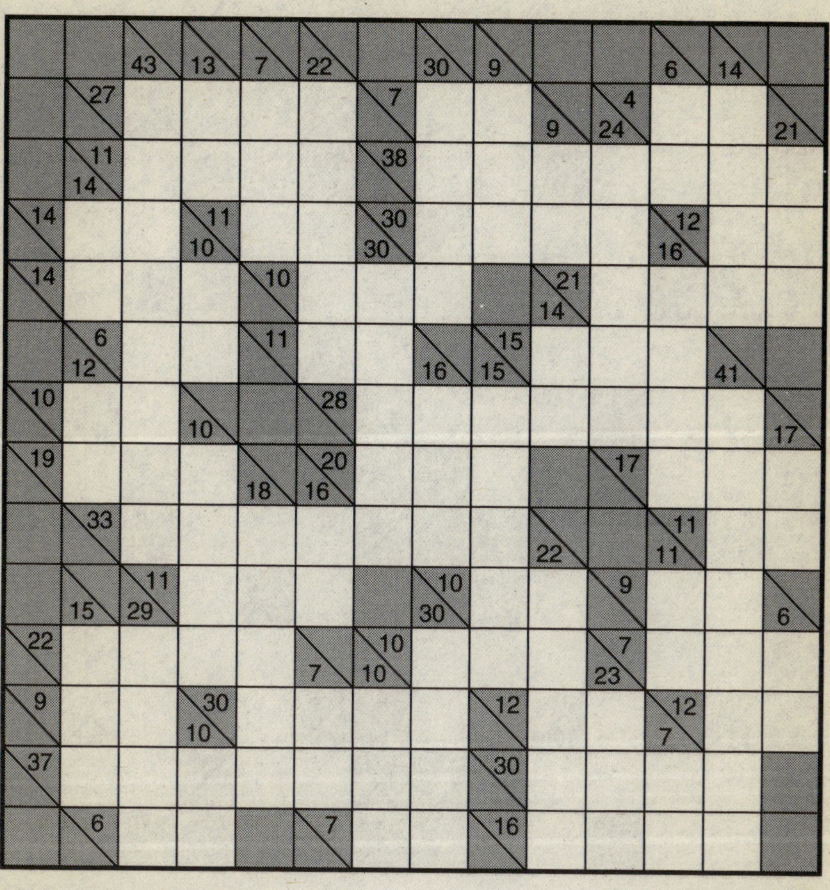

Answer on page 132

Scratch pad:

Kakuro 39

■	11\	6\	■	■	25\	9\	■	■	25\	8\	■	27\	11\
\14			26\	\17			■	\9			17\14		
\11				41\8			■	16\35					
■	■	\10				10\	12\14			38\15			10\
■	■	24\41									9\13		
■	5\10				11\13			■	\20				
\13			\10				■	■	9\7			17\	5\
\9			3\17			■	■	9\8			\13		
■	7\	19\4			■	■	4\6				22\8		
\25					25\	8\9			27\18				■
\3			8\42									■	■
■	16\3			12\10			■	7\8				9\	4\
\28						■	\9			\11			
\10			\13			■	\14			■	\10		

Answer on page 132

Scratch pad:

Kakuro 40

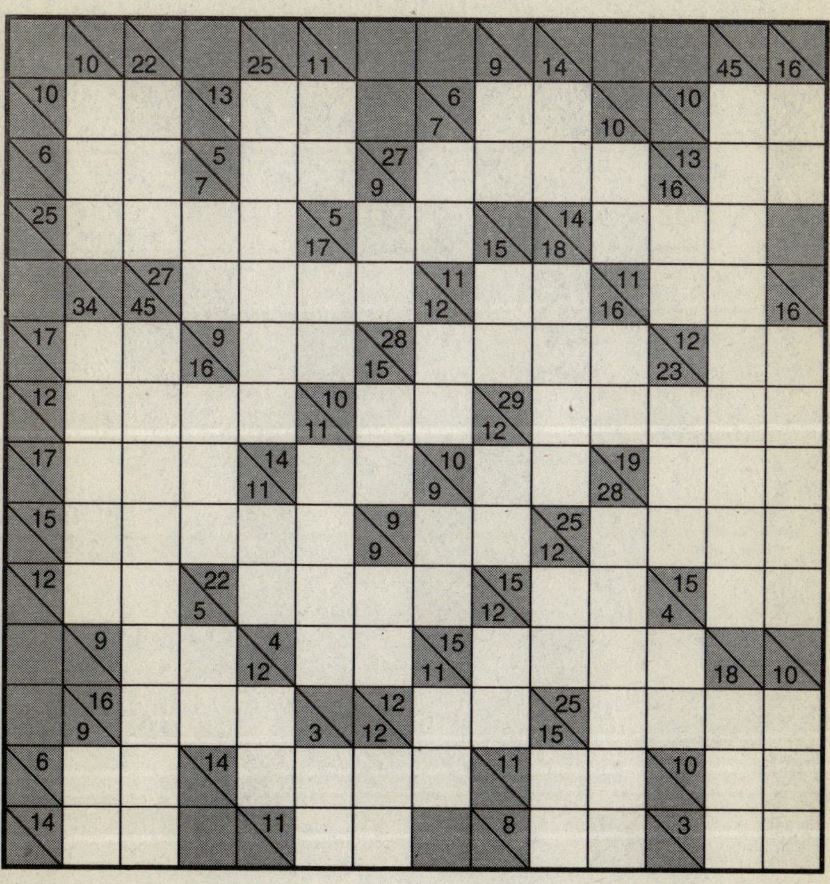

Answer on page 132

Scratch pad:

Kakuro 41

■	30\	24\	3\	■	■	15\	10\	■	36\	18\	■	11\	8\
\13				11\	\15			15\5			19\16		
\12					6\42								
\9			\12			27\	34\17					26\	14\
\16			9\	\32						18\12			
■	\13			29\6				\3			\11		
■	27\	23\12			\9			13\12			11\9		
\25					25\13				\25				
\16			\12			\13			23\12			23\	■
\15			16\10			20\15				\7			11\
\13				12\27						6\	\3		
■	11\	3\14					11\	14\7			16\14		
\43									\25				
\10			\6			\16			■	\11			

Answer on page 132

Scratch pad:

Kakuro 42

Answer on page 132

Scratch pad:

Kakuro 43

■	■	33\	21\	■	■	16\	9\	20\	8\	■	■	17\	8\
■	19\5			10\	\30					7\	17\11		
\15					35\38								
\37									14\11			10\	19\
\16			■	30\9			\11			■	\16		
\9			18\17			9\	17\6			24\	19\10		
\36								12\	26\20				
■	23\	8\45										30\	18\
\27					8\	27\35							
\10			■	\9			■	21\14			\17		
\7			11\	8\16			21\16			4\	20\11		
■	9\	13\16			11\44								
\41									\16				
\14			■	\10					■	\5			■

Answer on page 133

Scratch pad:

Kakuro 44

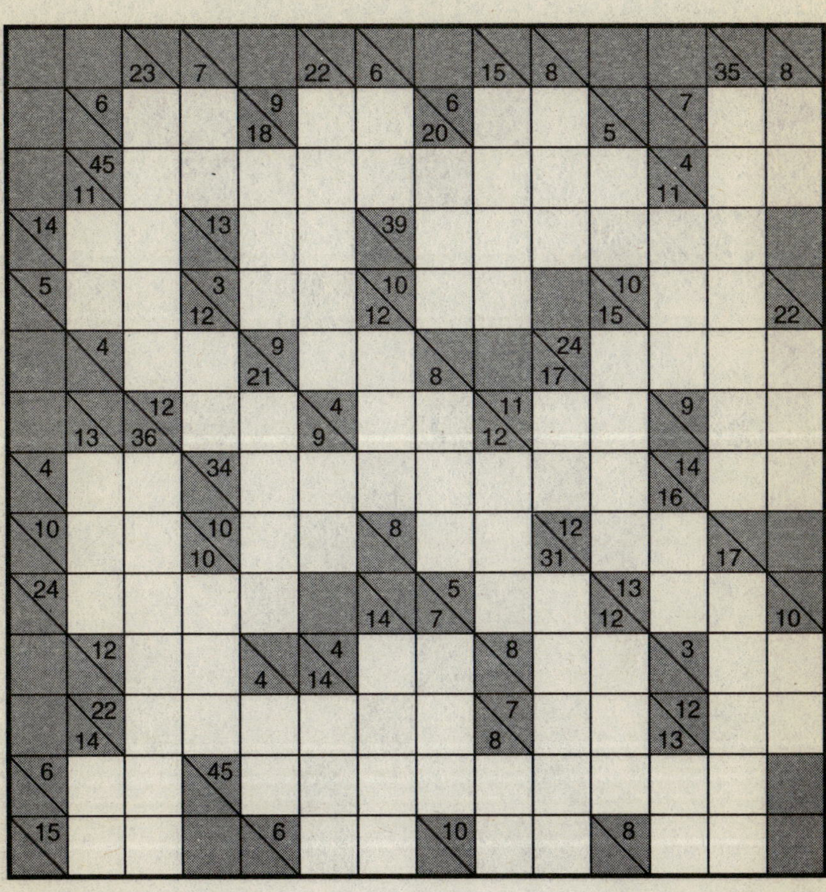

Answer on page 133

Scratch pad:

Kakuro 45

■	4\	8\	6\	33\	■	■	8\	18\	■	■	■	17\	14\
\20					24\	\16			17\	■	21\17		
\20						19\17				\22			
■	11\	4\	\10				18\9			11\9			■
\12			18\21					7\13				15\	■
\20					12\18				15\12				11\
■	11\	14\17				11\12				■	24\14		
\12				\9			12\13			34\10			
\12			20\	12\12				12\19				17\	7\
■	\13				18\12				24\30				
■	■	21\13				17\14					\10		
■	7\14			\9			11\10				4\	6\	3\
\20				\20				\24					
\10			■	■	\16			■	\15				

Answer on page 133

Scratch pad:

Kakuro 46

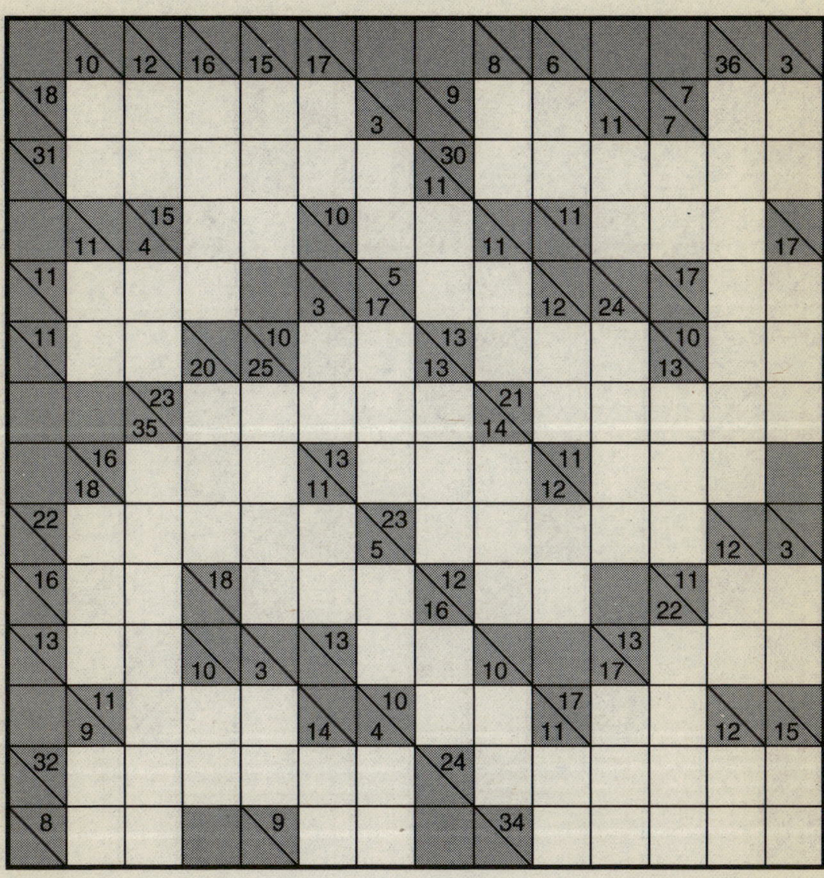

Answer on page 133

Scratch pad:

Kakuro 47

■	■	30\	17\	■	22\	14\	3\	■	■	8\	15\	44\	14\
■	15\17			9\12				10\	\16				
\38									13\27				
\16			\14			11\	40\6			17\	30\17		
\12			31\	10\12				\29					
■	■	41\14			\17			9\	11\14				■
■	\21				6\	10\9				\13			■
■	\10			\27						5\15			■
■	\16			11\22				10\	\7				■
■	26\16				12\	\5			24\4			15\	18\
\19						8\15				7\	\7		
\3			7\	12\15			6\	10\7			3\11		
\13					\38								
\30					■	\11				\9			■

Answer on page 133

Scratch pad:

Kakuro 48

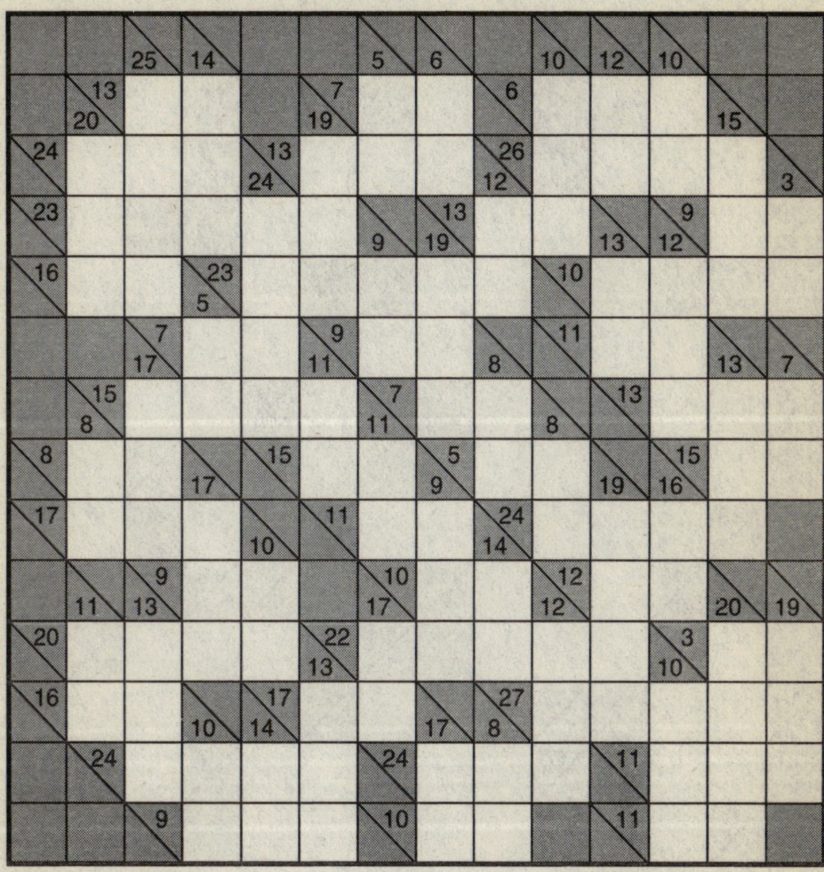

Answer on page 133

Scratch pad:

Kakuro 49

Answer on page 134

Scratch pad:

Kakuro 50

■	■	14\	14\	11\	■	■	16\	24\	■	10\	16\	29\	■
■	15\21				14\	\13			\19				20\
\15						6\4			21\20				
\3			12\	\22							\9		
\17				19\9			16\12			■	7\3		
■	16\	9\14				9\19				21\18			
\20					30\12			12\22				11\	5\
\8			13\20				9\23				18\13		
■	20\	15\21				25\5			25\16				
\10				\12				9\16				11\	21\
\12			■	17\12			8\9			\11			
\14			4\27							12\	3\5		
\15					\14			\19					
■	\10				\9			■	\14				■

Answer on page 134

Scratch pad:

Kakuro 51

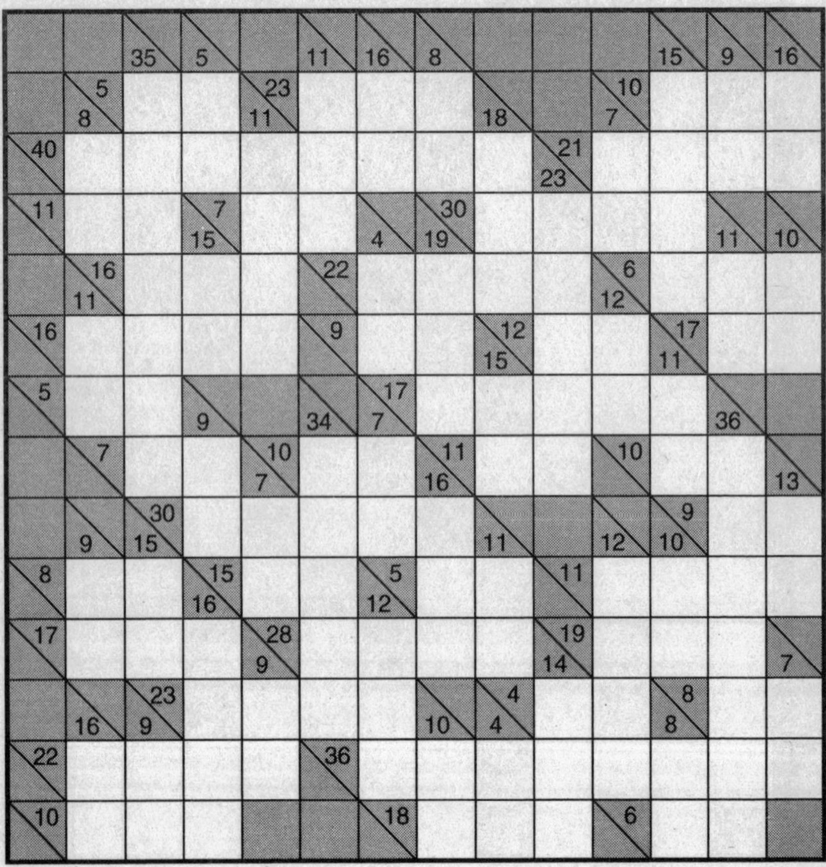

Answer on page 134

Scratch pad:

Kakuro 52

Answer on page 134

Scratch pad:

Kakuro 53

■	9\	12\	12\	■	■	■	6\	23\	■	■	7\	8\	17\
\6				15\	■	11\5			13\	10\14			
\20					16\40								
■	11\	8\26					34\7				■	28\	10\
\5			12\15			\19				13\	11\7		
\22				21\	■	8\12			5\11				
■	29\	12\7			13\5			7\25					
\11			9\34								13\13		
\27						20\10			\10			12\	4\
\30					13\13			■	12\	11\11			
\7			■	14\17				17\9			18\12		
■	7\	5\	16\16				12\16					9\	4\
\41									\21				
\12				■	\4			■	■	\17			

Answer on page 134

Scratch pad:

Kakuro 54

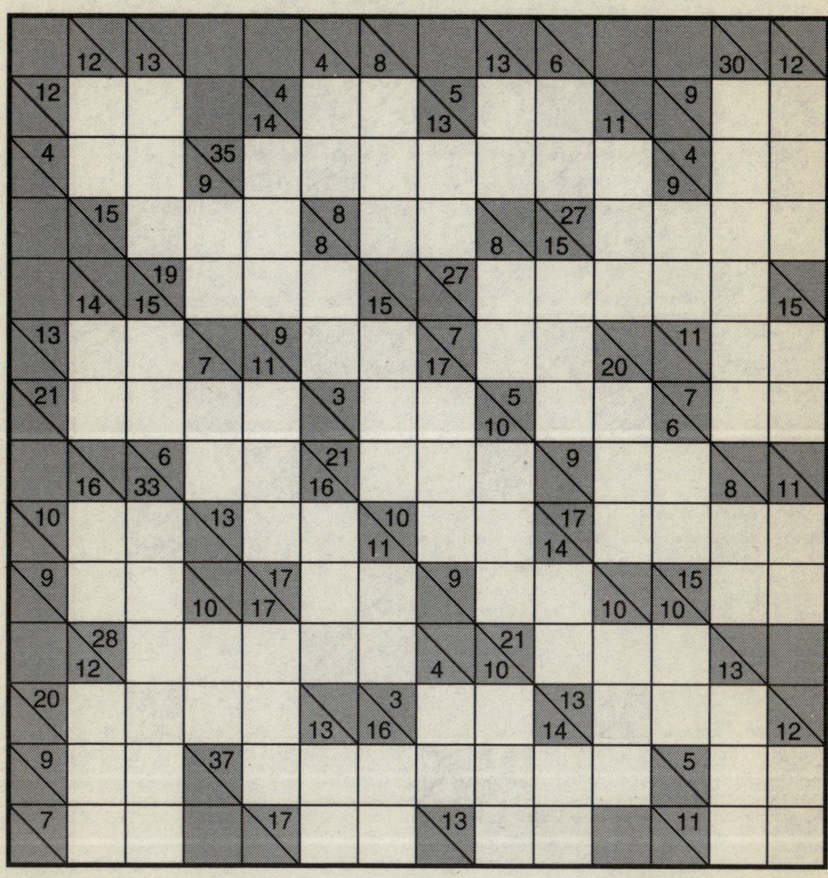

Answer on page 134

Scratch pad:

Kakuro 55

■	19\	40\	7\	■	35\	10\	11\	■	■	■	11\	29\	9\
\20				\19				■	■	29\19			
\14				16\10				12\	20\19				
\6			11\24				\15				20\15		
■	\15					18\	\18						■
■	8\14			7\14			13\	28\19				36\	■
\10			29\38							12\9			9\
\26					25\11				31\16				
■	\7			27\30							10\14		
■	■	22\23				11\	\13			4\4			■
■	11\25						■	8\16					18\
\9			7\22				5\6				3\7		
\15					■	\7				\18			
\23				■	■	\15				\16			

Answer on page 135

Scratch pad:

Kakuro 56

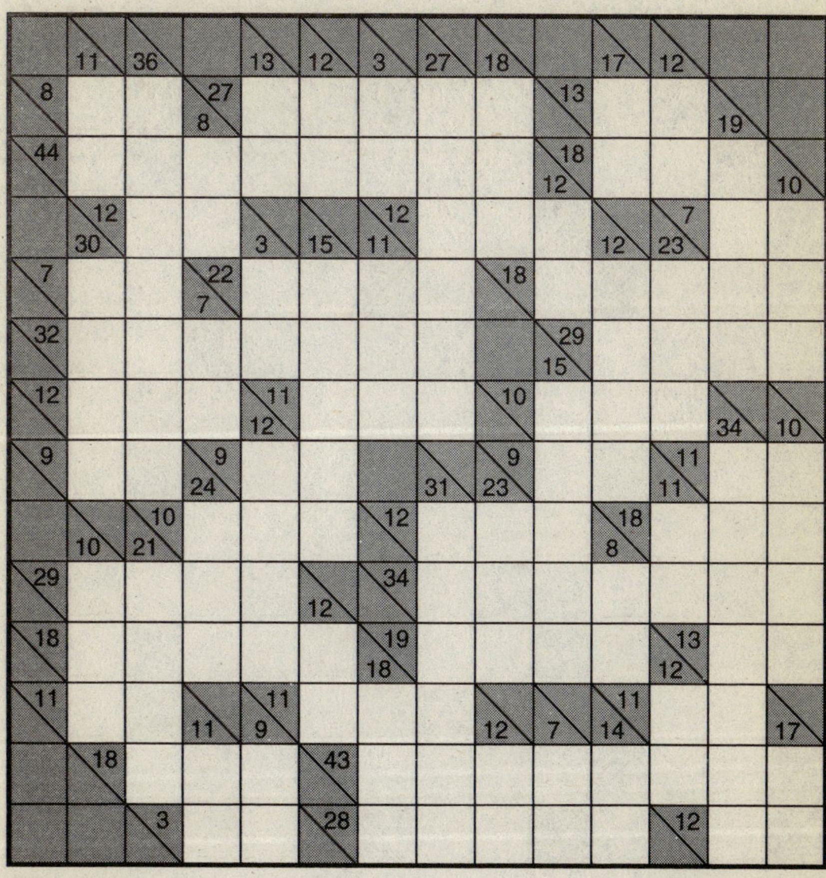

Answer on page 135

Scratch pad:

Kakuro 57

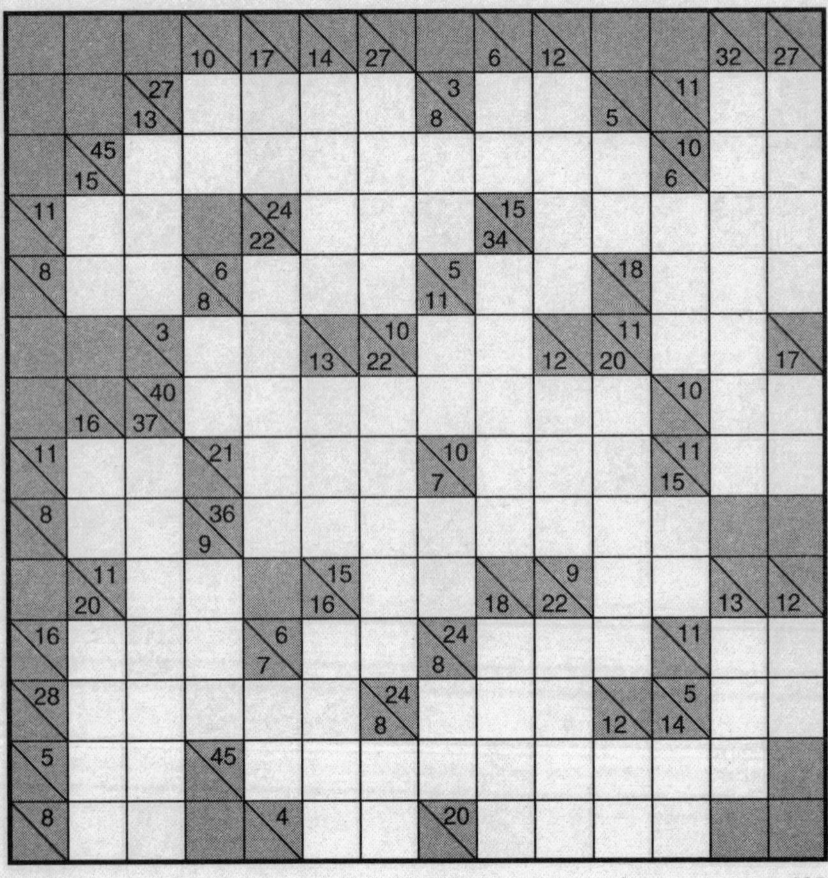

Answer on page 135

Scratch pad:

Kakuro 58

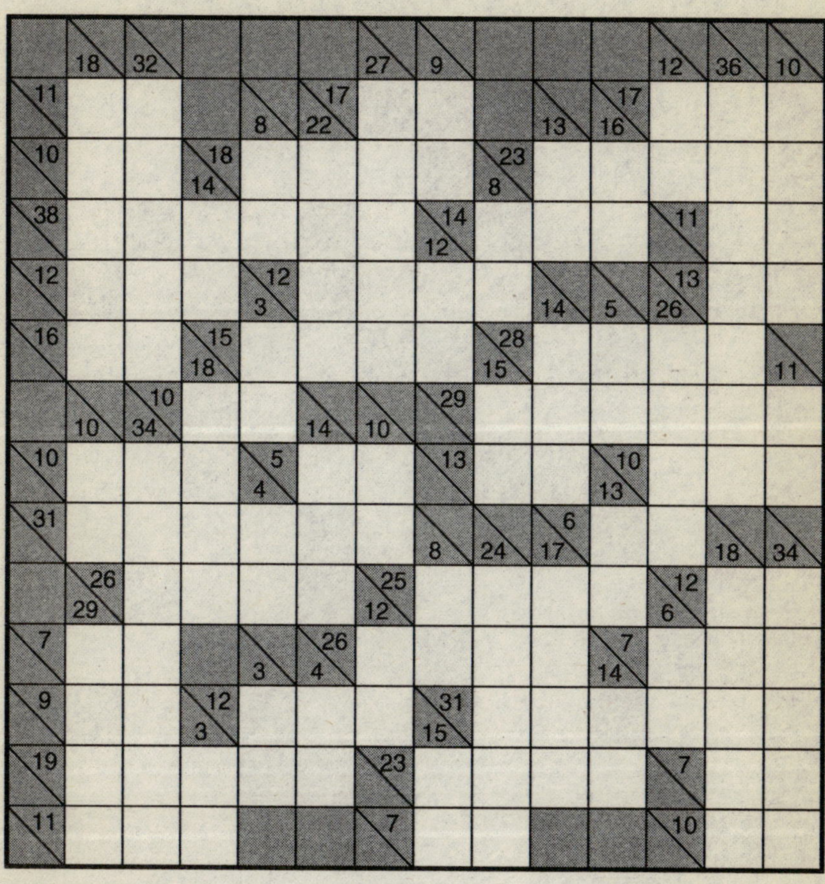

Answer on page 135

Scratch pad:

Kakuro 59

■	10\	9\	12\	24\	■	■	■	7\	31\	■	13\	16\	■
\14					■	■	15\10			22\7			5\
\30					■	8\34							
■	■	31\8			14\6			\16			13\11		
■	16\12			9\18				7\12				26\	■
\10			8\4			■	17\19						26\
\24						22\20				■	12\10		
\24				■	39\18				15\	12\7			
\4			8\	28\17				\34					
■	\31						16\	9\13			28\11		
■	10\	12\17				\20				7\9			■
\17			12\10			13\5			\12			11\	9\
\36								■	\11				
■	\5			\10			■	■	\26				

Answer on page 135

Scratch pad:

Kakuro 60

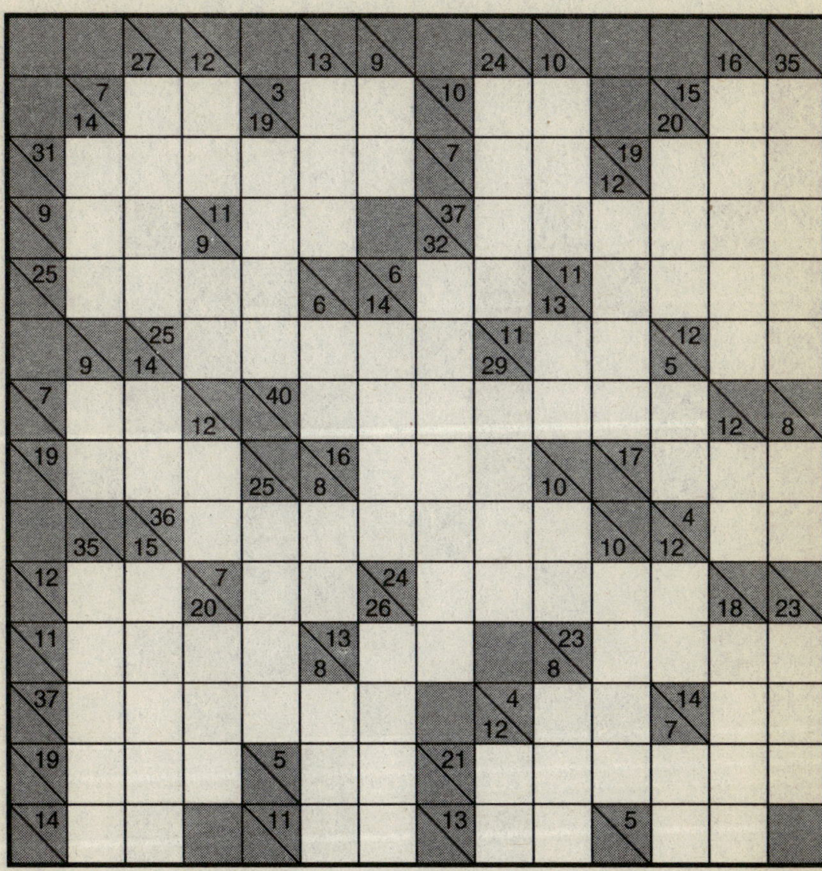

Answer on page 135

Scratch pad:

Kakuro 61

■	8\	29\	■	13\	16\	■	6\	28\	■	8\	6\	29\	15\
\16			8\12			\8			3\24				
\26						16\37							
■	11\8			\12			35\9			■	10\5		
\15			13\	24\	\13				10\	\8			9\
\20					■	3\13				20\6			
■	■	\8			\7			5\10			8\13		
■	8\	33\11			7\10				\12			■	■
\10			9\7			28\11			\9			28\	3\
\23				\12				11\	\17				
■	18\8			■	11\10				18\	■	12\9		
\14			11\	17\14			14\10			13\16			11\
\35								\18					
\14					\16			\17			\12		

Answer on page 136

Scratch pad:

Kakuro 62

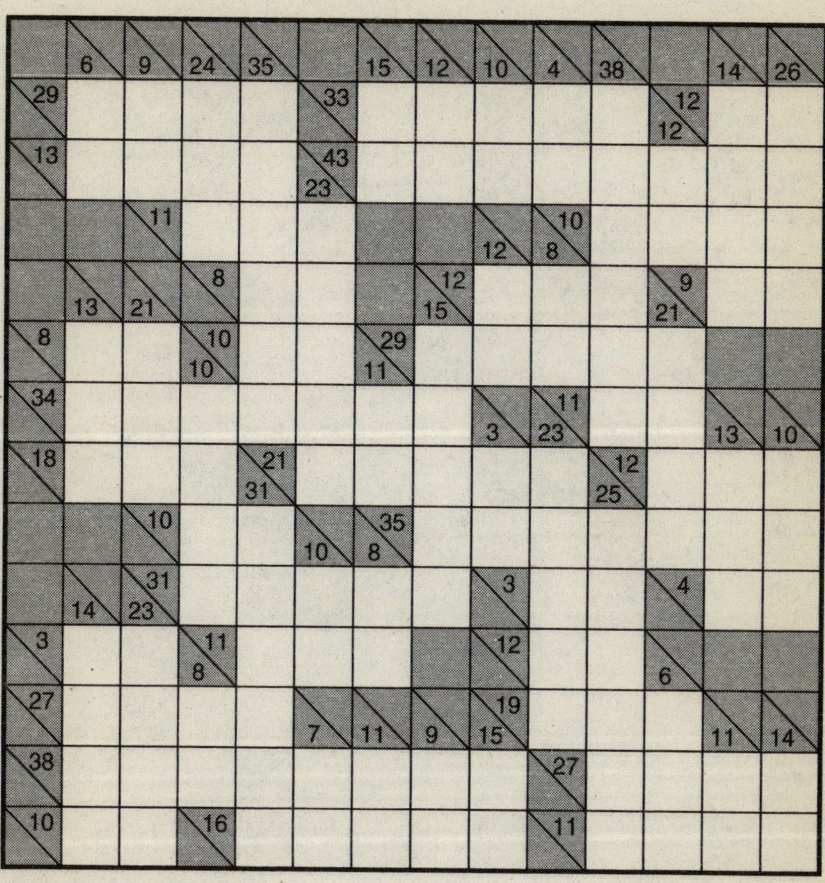

Answer on page 136

Scratch pad:

Kakuro 63

■	■	25\	11\	■	■	28\	3\	12\	■	■	20\	44\	■
■	\15			15\	\19				17\	\14			15\
■	10\10				7\16					20\15			
\11			\17				36\	9\24					
\16			22\	10\24					9\24				13\
■	13\	42\7			■	16\20					\3		
\24					\12			17\12			13\12		
\23				10\	13\18				■	13\24			
\9			\12			14\9			\20				
\12			28\22					20\	8\5			20\	6\
■	10\7				6\27					17\	\9		
\18						5\	13\17				12\13		
\21				\12					\12				■
■	\14			■	\11				■	\12			■

Answer on page 136

Scratch pad:

Kakuro 64

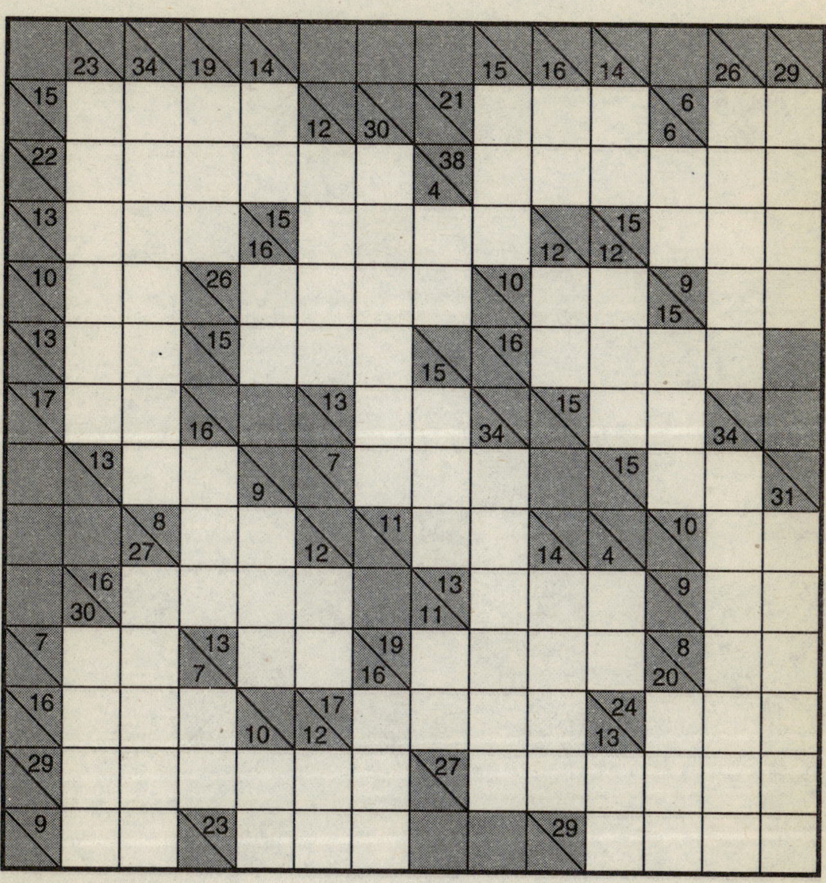

Answer on page 136

Scratch pad:

Kakuro 65

■	■	16\	28\	5\	■	10\	10\	■	■	12\	15\	38\	12\
■	13\18				16\13			■	6\23				
\35								18\17					
\14				\12			36\11			■	9\17		
■	\5			26\	8\10				3\	\9			■
■	■	37\	12\8			12\17				27\15			10\
■	13\30							10\5			14\12		
\11					7\12				6\21				
\15			10\14			17\38							■
■	\16			\8				25\9			30\	13\	■
■	17\9			■	11\15				3\	\9			3\
\4			8\	9\9			8\7			9\18			
\35						\35							
\16					■	\9			\11				■

Answer on page 136

Scratch pad:

Kakuro 66

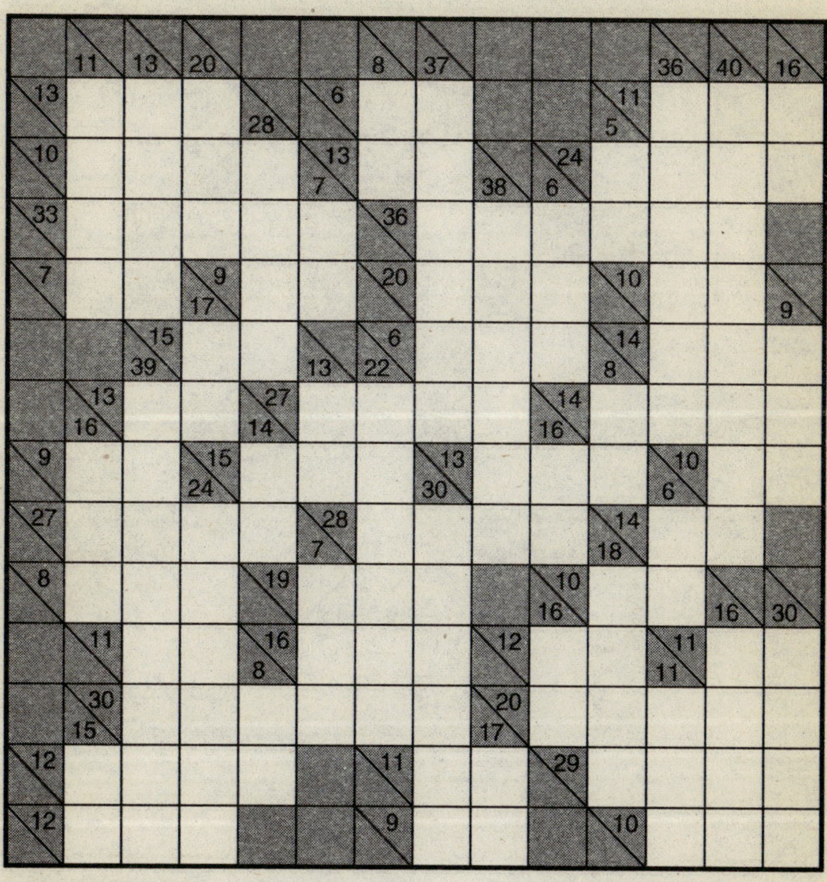

Answer on page 136

Scratch pad:

Kakuro 67

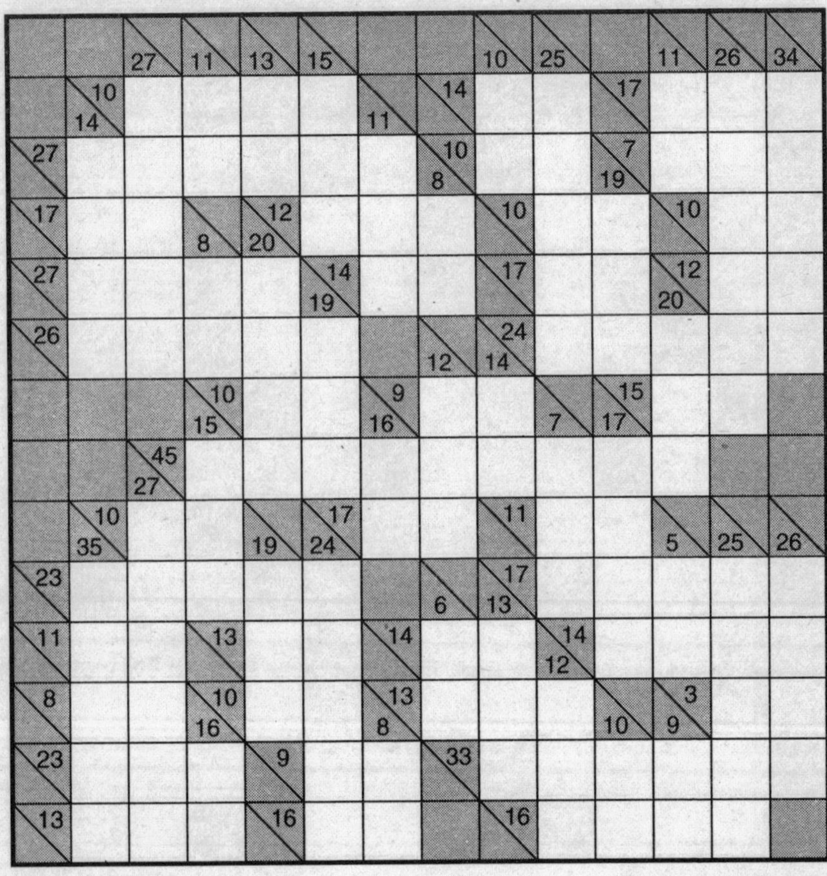

Answer on page 137

Scratch pad:

Kakuro 68

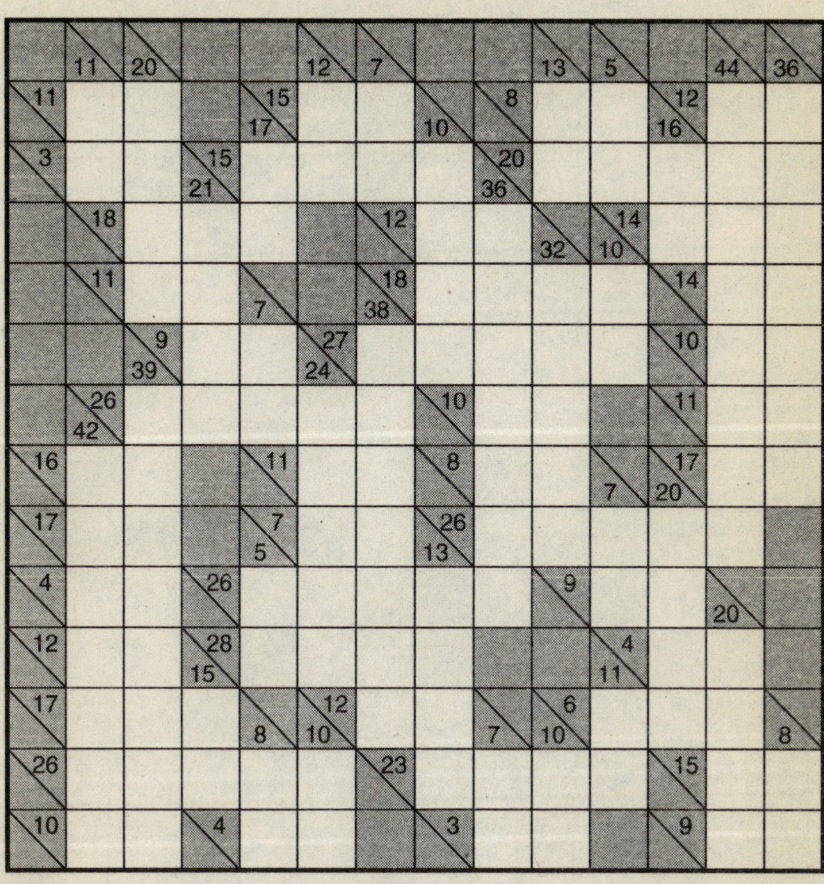

Answer on page 137

Scratch pad:

Kakuro 69

■	■	45\	35\	■	13\	7\	■	■	6\	15\	■	20\	7\
■	11\6			7\6			■	4\10			\9		
\35							12\12				16\14		
\30					■	5\12				25\13			■
■	\8			■	5\5			■	9\11			45\	11\
■	12\10			21\4			12\	12\9			6\12		
\5			9\5			9\37							
\29					6\11				12\10				
\34								11\8			16\6		
\8			12\7			■	15\14			\6			■
■	■	11\12			12\	11\10			■	13\11			8\
■	9\8			5\10				10\	13\10				
\8			\13				\24						
\7			\12			■	\17			\15			■

Answer on page 137

Scratch pad:

Kakuro 70

■	■	21\	22\	■	■	8\	22\	■	■	10\	23\	37\	6\
■	\11			■	11\16			12\	\13				
■	\16			22\16					35\29				
■	6\16					10\13				12\10			8\
\15					35\9			\6			\7		
\13			15\12				20\	13\15			23\16		
■	■	35\11				4\28							■
■	\11			14\24						25\7			■
■	3\26							8\11				18\	5\
\11			\17			■	24\16				23\7		
\8			24\8			5\11			3\16				
■	9\13			7\13				8\14					■
\30					\15					\12			■
\13					■	\15			■	\16			■

Answer on page 137

Scratch pad:

Kakuro 71

■	16\	10\	12\	■	33\	8\	■	13\	16\	■	21\	25\	9\
\10				\10			17\11			\10			
\19				17\26						14\23			
■	11\	27\13				12\12			8\10				6\
\8			15\13				5\14				\14		
\29								\4			20\8		
\17				\7				13\	38\8			30\	10\
\14				20\8			7\12			\17			
■	12\	28\11			14\	\10				18\20			
\11			\14			20\36							
\5			11\21				12\17				12\13		
■	11\17				15\14			10\15				7\	13\
\20				\20						\17			
\10				\17			\4			\7			

Answer on page 137

Scratch pad:

Kakuro 72

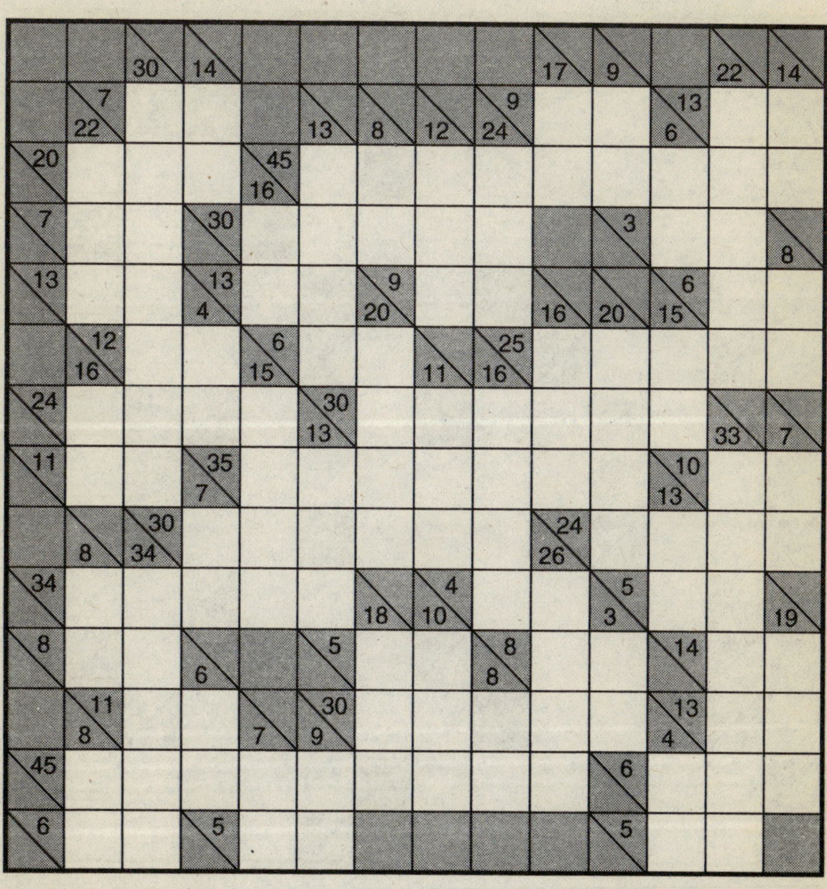

Answer on page 137

Scratch pad:

Kakuro 73

■	17\	7\	15\	26\	22\	■	■	20\	5\	■	■	12\	9\
\34						22\	\9			22\	25\17		
\21							45\25						
\11			3\24						32\17			31\	■
■	■	32\11			30\13			\12					■
■	10\7			11\16				5\27					6\
\9			\16			10\13				4\	\12		
\11			\34								\7		
\8			15\	22\10				21\11			11\9		
■	\14					\13				19\8			■
■	\30					17\8			14\17			23\	13\
■	9\	13\14			6\23						10\9		
\26							\30						
\13			■	\9			■	\16					

Answer on page 138

Scratch pad:

Kakuro 74

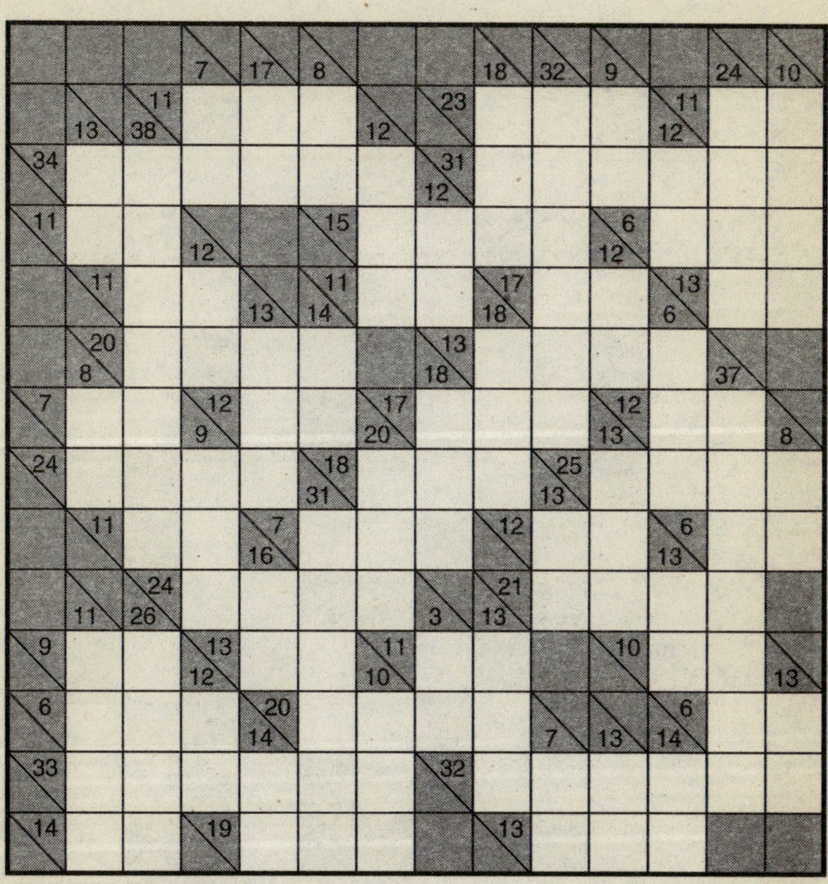

Answer on page 138

Scratch pad:

Kakuro 75

■	11\	45\	■	8\	12\	■	■	13\	17\	■	12\	12\	■
\17			22\5			■	19\16			20\12			3\
\32						10\33							
■	11\11			35\	33\16			13\9			19\7		
\43									30\12			45\	■
\14			\6			11\	15\16			34\10			■
\7			\16					9\18					20\
\10			20\38								\11		
■	\12					6\27					\13		
■	\10			20\14			20\	12\6			7\6		
■	13\	10\15			21\42								
\11			3\9			12\17			15\	8\13			7\
\34								\16					
■	\8			\14			■	\14			\13		

Answer on page 138

Scratch pad:

Kakuro 76

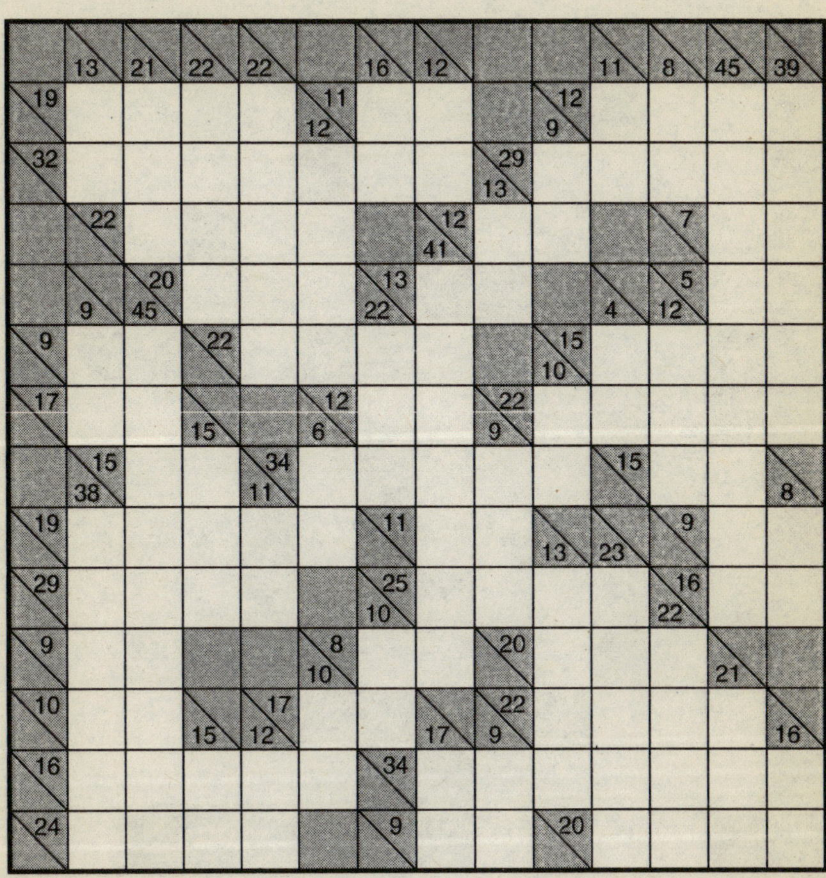

Answer on page 138

Scratch pad:

Kakuro 77

■	17\	41\	■	■	■	8\	17\	■	35\	8\	15\	20\	■
\4			7\	10\	6\9			\28					20\
\36								8\28					
\34						■	12\3			11\6			
\3			20\	11\	■	14\24					\9		
■	\23				\12			18\6			14\	36\	15\
■	12\17				37\20					20\20			
\28							19\22						
\12				9\26					\21				■
■	17\	16\	\5			11\10			\15				23\
\4			12\25					■	12\	14\	10\10		
\12				9\9			11\	3\15					
\15						\34							
■	\26					\11			■	■	\16		

Answer on page 138

Scratch pad:

Kakuro 78

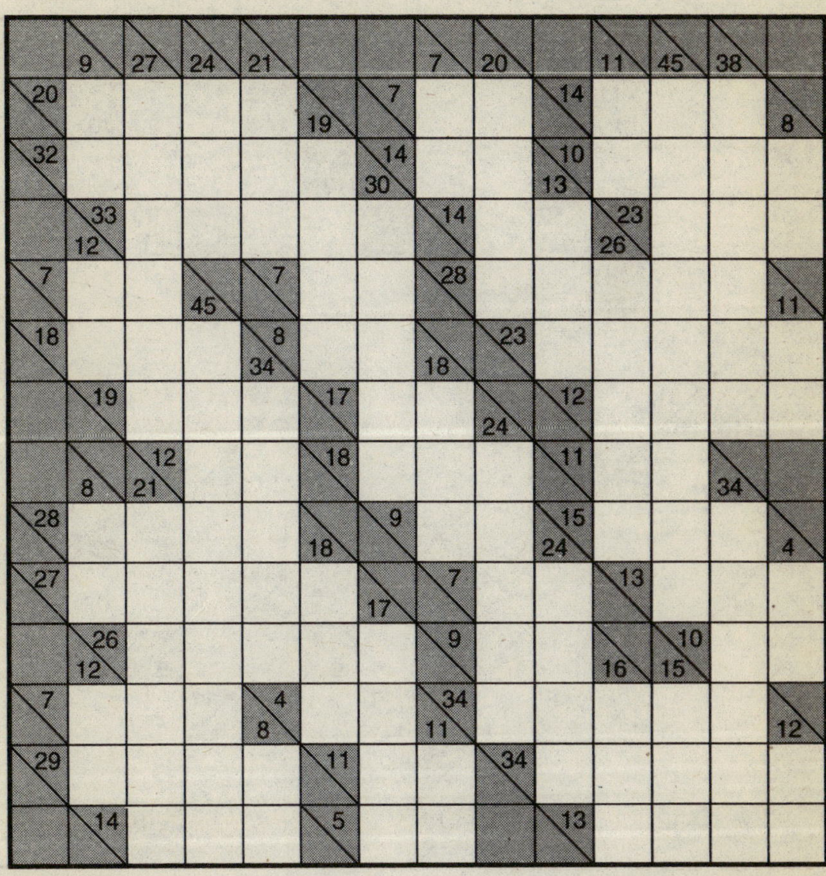

Answer on page 138

Scratch pad:

Kakuro 79

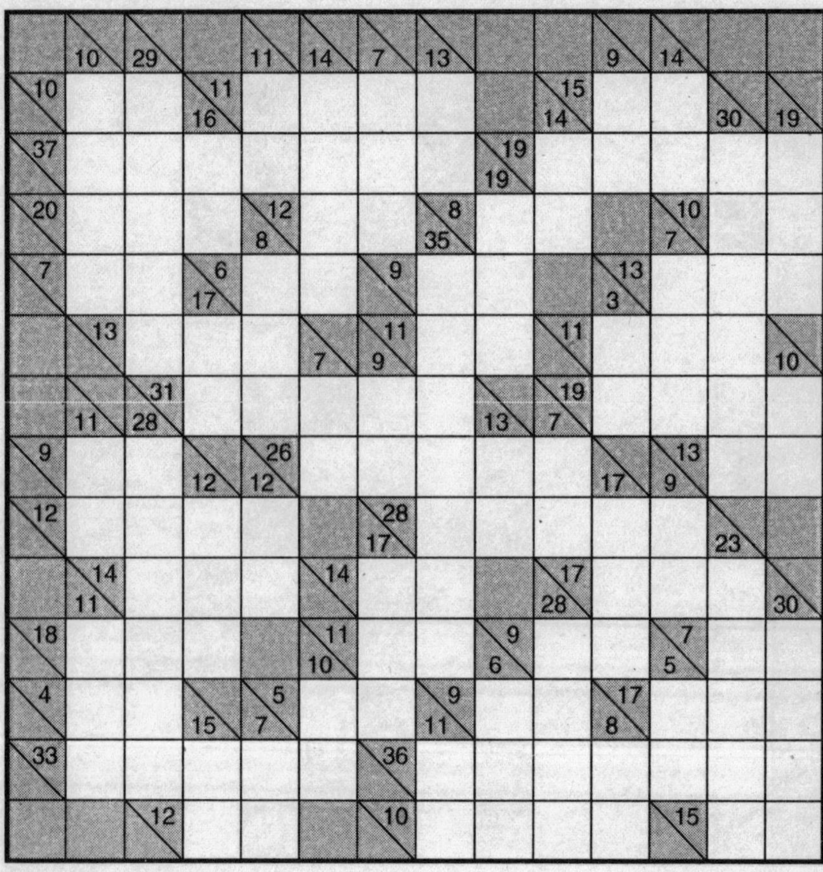

Answer on page 139

Scratch pad:

Kakuro 80

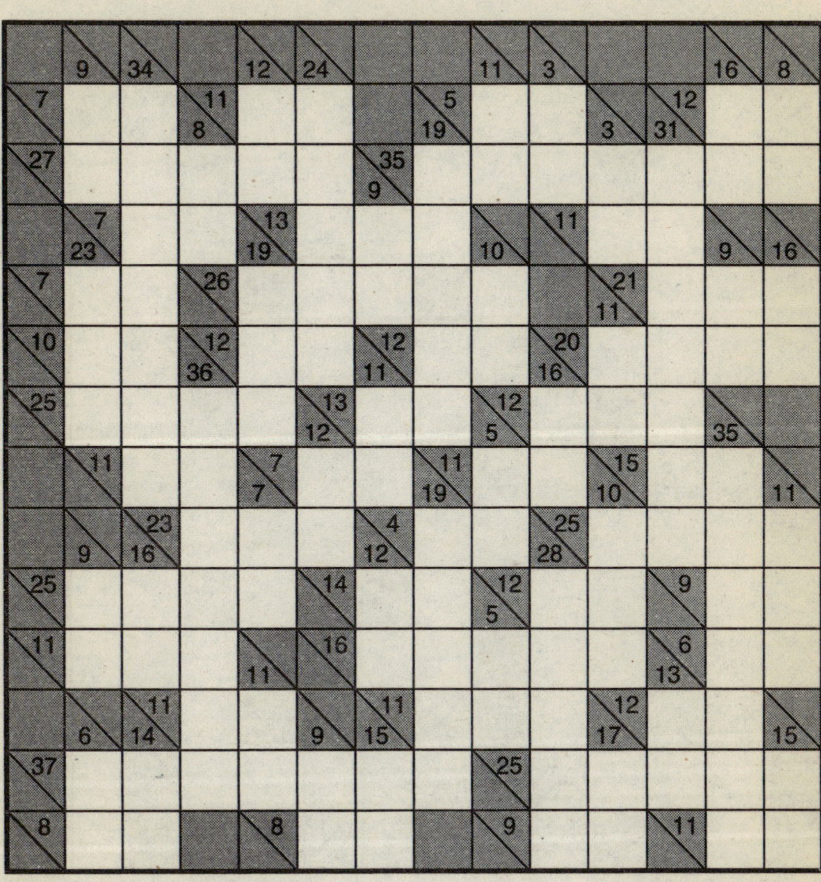

Answer on page 139

Scratch pad:

Kakuro 81

■	12\	29\	■	22\	14\	■	■	11\	3\	■	■	9\	16\
\13			\11			7\	17\11			■	13\9		
\16			8\27							11\17			
■	15\13				13\8			39\	\4			17\	■
\35						28\7			9\18				14\
\6				4\9			12\18				16\16		
\6			14\28							8\21			
■	8\	17\8			12\11				24\10			30\	8\
\18				17\26							13\11		
\15			19\12				8\11			20\22			
■	\18				\12			6\22					
■	11\	7\9			15\	9\5			15\17				13\
\13				\30							\11		
\14			■	\7			■	\12			\6		

Answer on page 139

Scratch pad:

Kakuro 82

Answer on page 139

Scratch pad:

Kakuro 83

■	↓6	↓12	■	■	↓14	↓7	↓9	■	↓23	↓13	■	↓26	↓10
→4			↓22	↓18 →9				→14			↓12 →13		
→38								↓3 →25					
■	↓12	↓33 →12			■	■	↓33 →9			→6			
→26					■	↓13 →15				↓13	↓13 →9		
→10				■	↓15 →12			■	→11			↓18	■
→21				↓11 →13				↓13	↓15 →12				↓29
→7			↓11 →36								↓24 →14		
■	→16				■	→15				→20			
■	↓11	↓26 →4			↓16	↓14 →17			■	↓18 →9			
→11			↓12	→16				■	→24				
→6				↓13 →12			↓6	↓17	↓13 →13			↓9	↓10
→27						→38							
→13			→16			→17				■	→3		

Answer on page 139

Scratch pad:

Kakuro 84

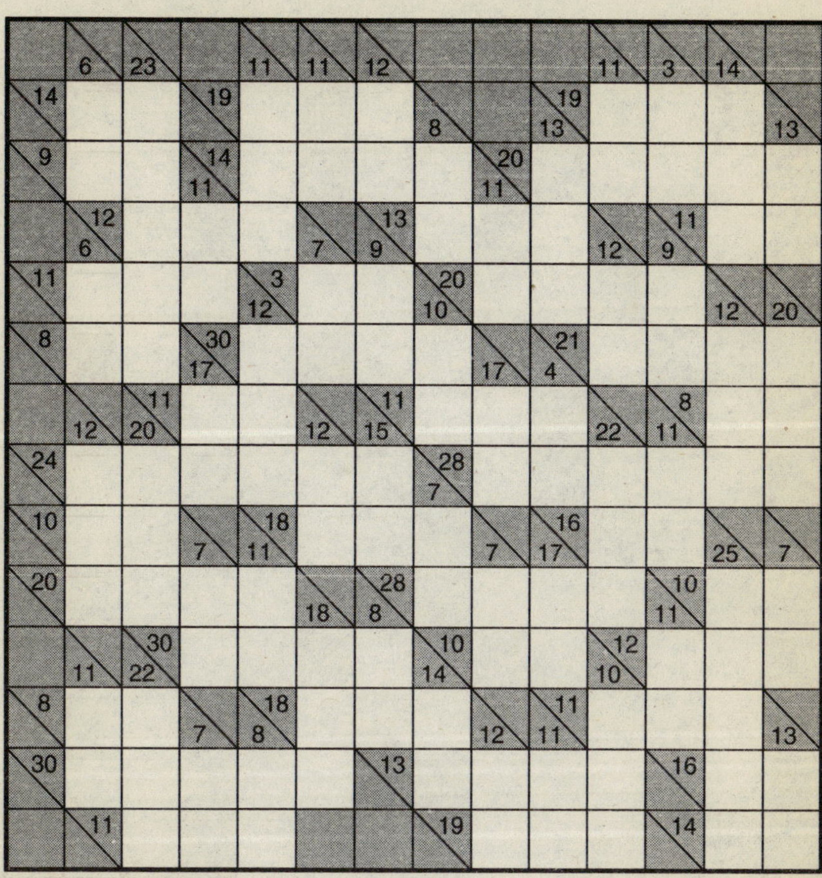

Answer on page 139

Scratch pad:

Kakuro 85

		20\	21\		17\	11\	32\		12\	3\	9\	17\	
	10\5			\18				\26					15\
\11				18\15				8\16					
\25					29\24					12\	9\9		
\11			13\12			16\9			27\20				
	13\	6\27						\12				7\	13\
\7				\17				23\10			14\4		
\12				12\7			24\11			\15			
\12			16\11			\9				12\6			
	20\	15\12				14\29						20\	10\
\25					12\15			15\13			23\12		
\11			11\	13\24					13\24				
\23						\8				\9			
	\11					\19				\9			

Answer on page 140

Scratch pad:

Kakuro 86

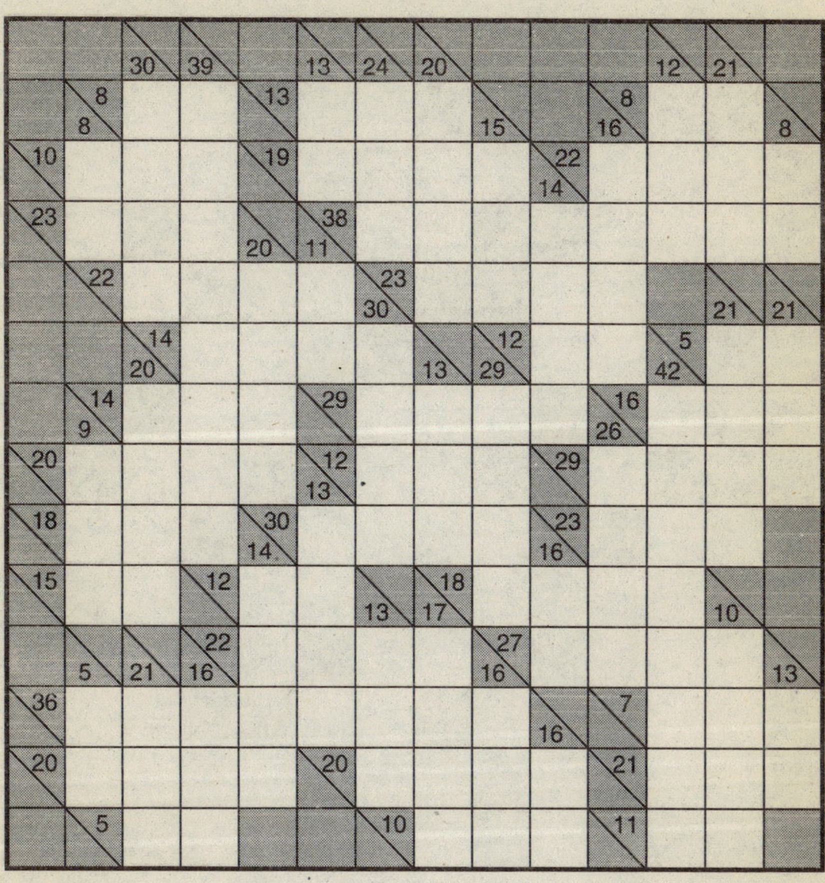

Answer on page 140

Scratch pad:

Kakuro 87

■	■	■	■	15\	7\	■	15\	13\	■	12\	16\	■	■
■	10\	3\	27\9			16\8			\8			16\	33\
\36									27\26				
\19				13\	\11			30\11			8\4		
■	■	9\6			10\	29\19				24\14			
■	\28						12\36						
■	\3			11\23							23\9		
■	35\	15\8			16\13				8\8			8\	■
\12			16\32							9\14			■
\34							16\24						■
\19				16\20				13\	\4			8\	14\
\14			9\9			11\13			10\	17\8			
\25					\42								
■	■	\7			\11			\13			■	■	■

Answer on page 140

Scratch pad:

Kakuro 88

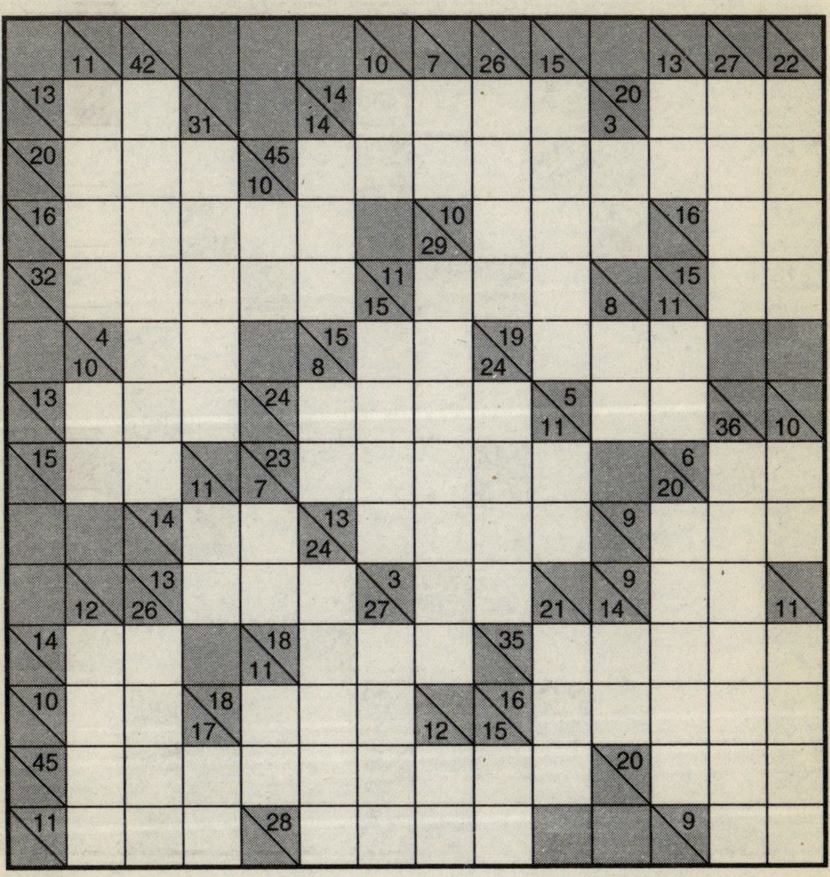

Answer on page 140

Scratch pad:

Kakuro 89

■	20\	34\	■	■	11\	19\	■	■	19\	6\	20\	■	■
\14			■	\3			■	16\12				17\	35\
\12			■	7\11			\31						
\11			25\20				36\8			15\24			
\15					17\	28\8			12\27				
\35								15\12			\6		
■	\8			25\33							16\13		
■	35\	17\9			7\12				6\11			23\	■
\8			\38							8\4			29\
\6			26\8			13\35							
\13					12\17			11\	23\10				
\23				11\12			\19				\10		
\26							\10			■	\3		
■	■	\18				■	\7			■	\12		

Answer on page 140

Scratch pad:

Kakuro 90

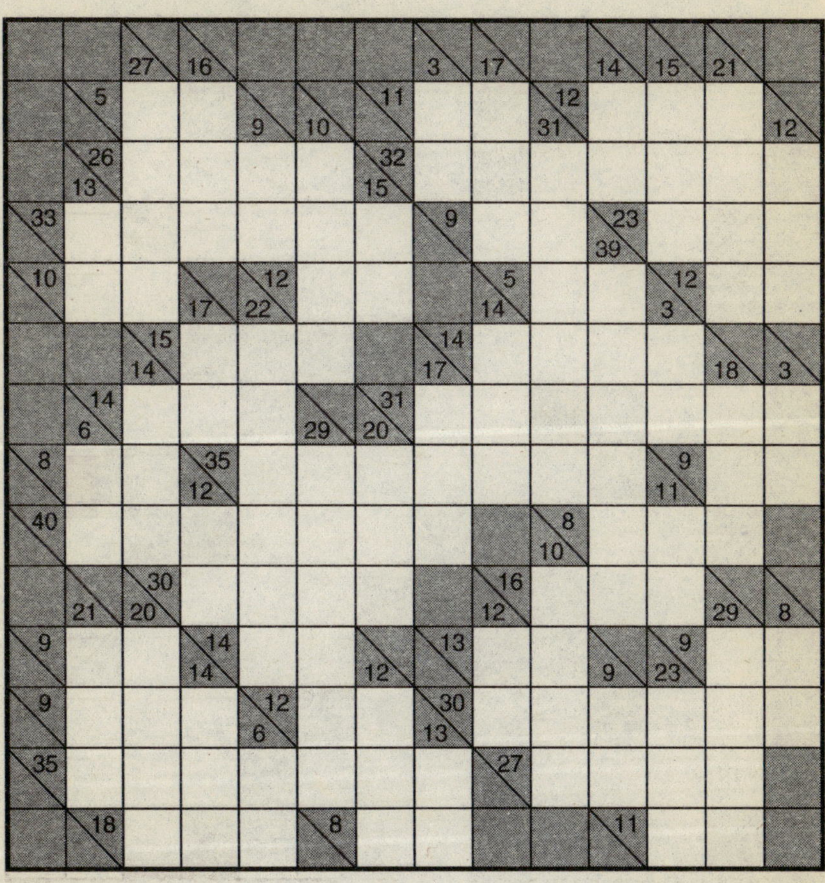

Answer on page 140

Scratch pad:

Kakuro 91

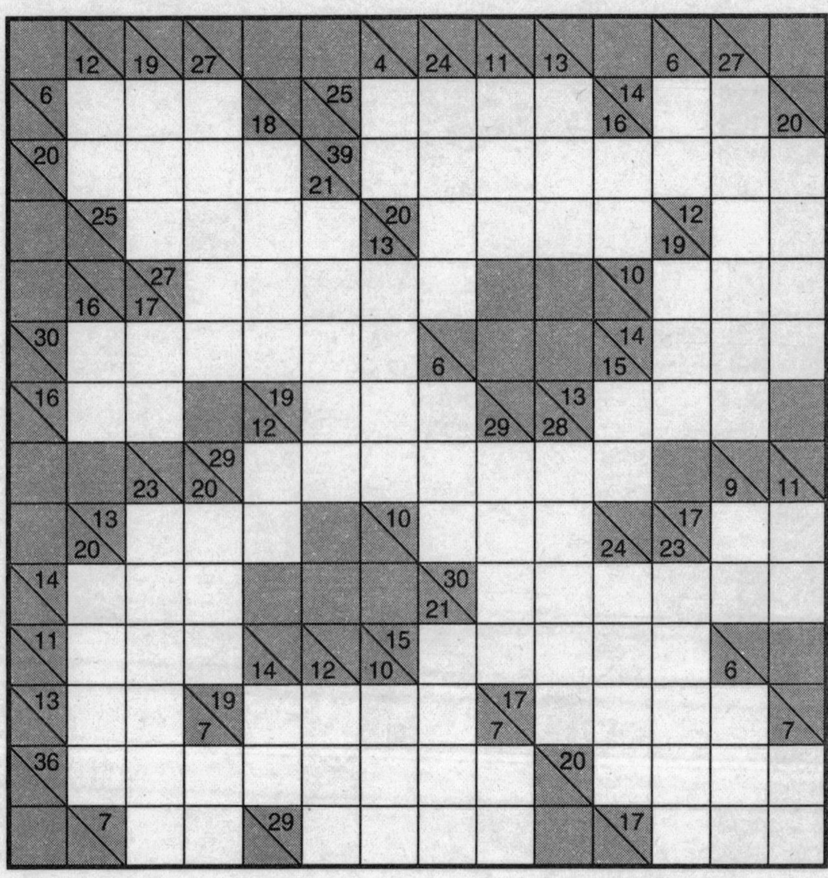

Answer on page 141

Scratch pad:

Kakuro 92

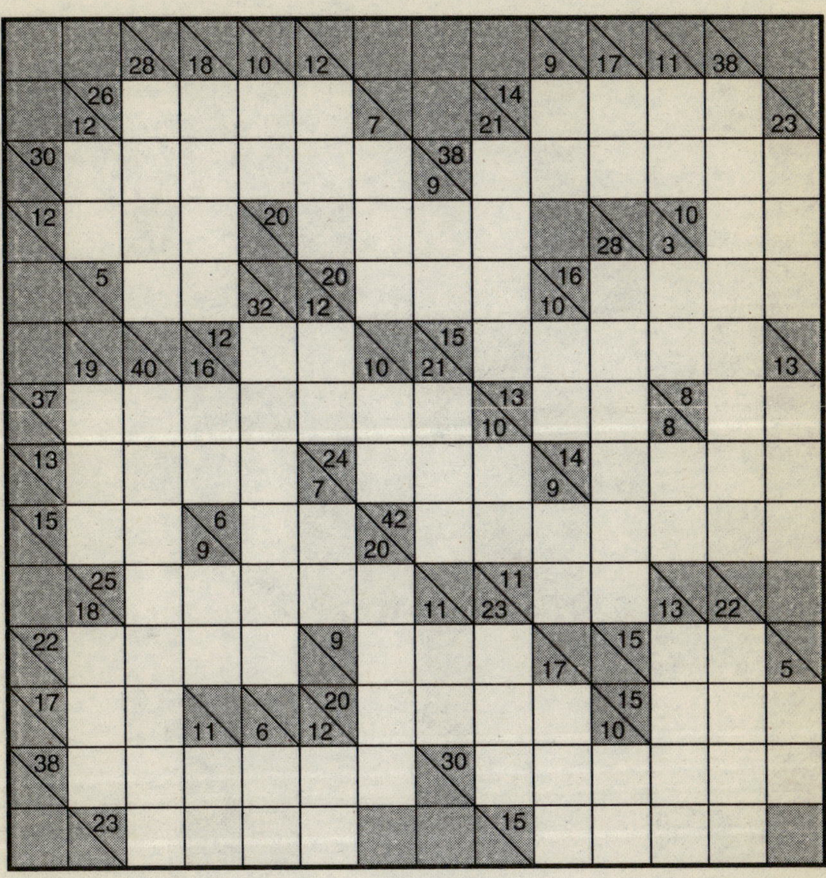

Answer on page 141

Scratch pad:

Kakuro 93

■	■	45\	13\	■	■	29\	17\	9\	31\	10\	11\	■	■
■	16\13			■	24\38							8\	7\
\17				\45									
\4			■	13\13				\8			11\5		
\6			14\18					13\21				45\	■
■	15\20				10\	■	13\8			\11			■
\25						10\12			9\	10\8			8\
\10			12\36								14\7		
■	\11			■	32\10			\15					
■	\7			10\11			18\	29\	23\15				15\
■	9\	10\19				\18					\17		
\12			10\13			13\13				■	11\6		
\45										\14			
■	■	\38							■	\8			■

Answer on page 141

Scratch pad:

Kakuro 94

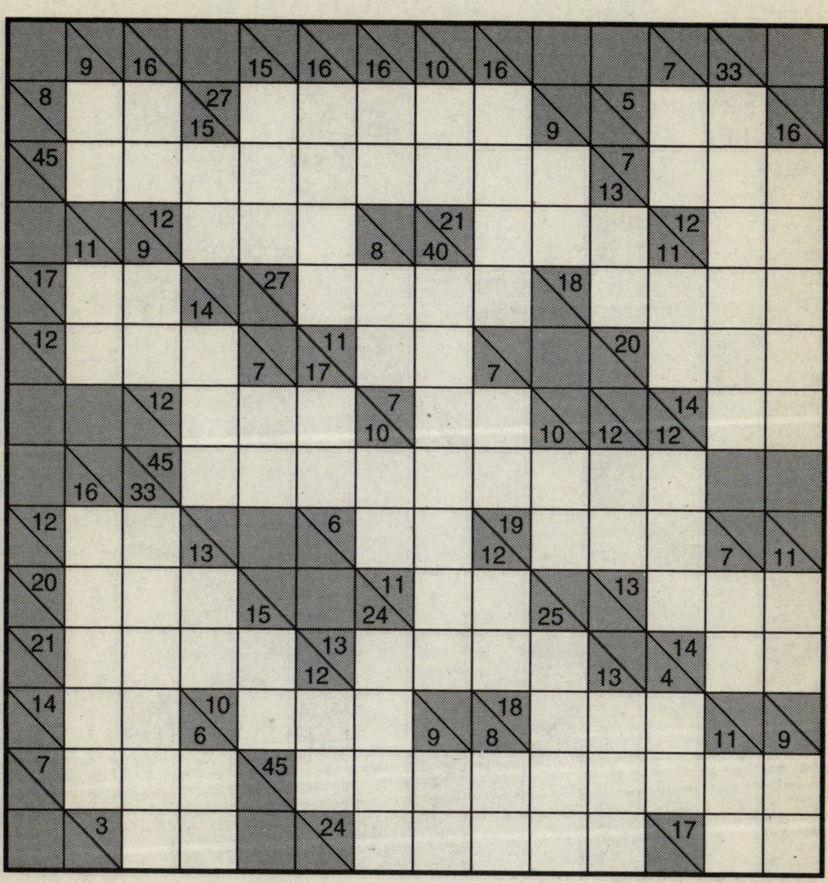

Answer on page 141

Scratch pad:

Kakuro 95

■	■	30\	15\	■	13\	8\	■	■	11\	7\	■	21\	11\
■	13\15			14\5			10\	\4			14\12		
\29								21\24					
\14			13\6			11\8			15\	\11			8\
\22				■	22\23					10\	12\5		
■	12\8			28\9			7\31						
\16			\11			35\11			10\12			37\	16\
\4			9\36								\8		
■	12\	20\14			14\6			8\4			7\12		
\30							6\9			15\5			13\
\12			12\	\25					19\15				
■	15\12			7\	11\12			6\14			11\8		
\26						\35							
\13			\5			■	\13			\15			■

Answer on page 141

Scratch pad:

Kakuro 96

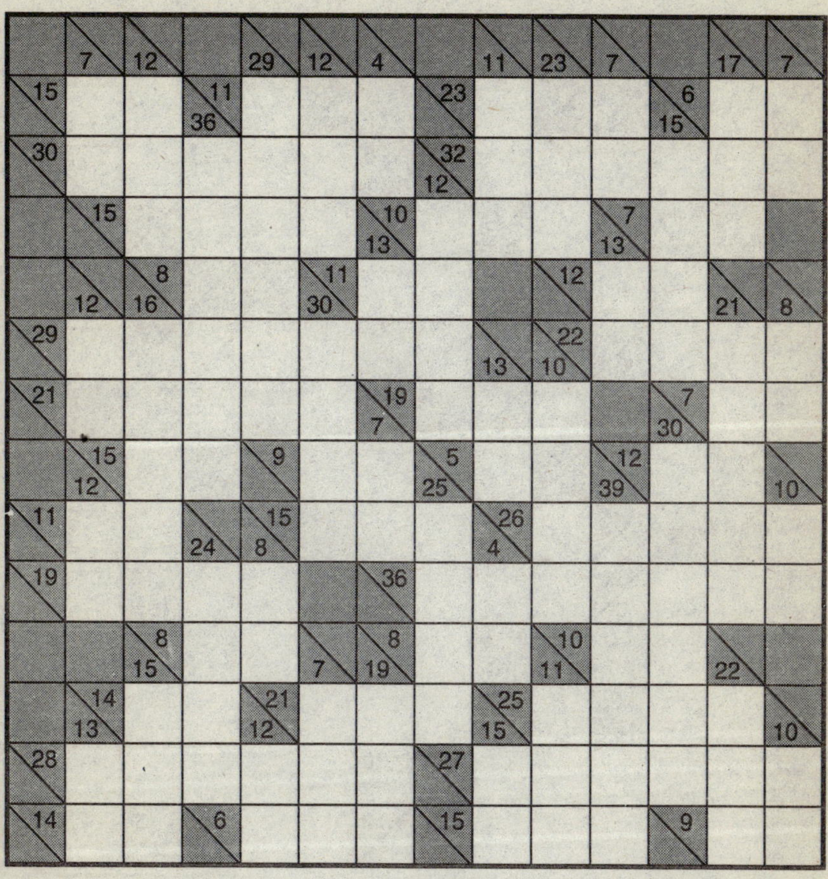

Answer on page 141

Scratch pad:

Kakuro 97

■	↓13	↓8	■	■	↓5	↓20	■	■	↓16	↓12	↓13	↓35	↓16
→7			↓8	↓10 →9			■	↓30 →16					
→31							↓12 →28						
■	■	↓25 →11			↓5 →23						→12		
■	↓12 →11			↓8 →15					↓12	↓4	→14		
→15			↓5 →6			■	↓13 →10				→6		
→12					↓11	↓28 →15					↓11	↓25	■
■	→13			↓11 →23						↓12 →10			↓8
■	↓16	↓33	→15					■	↓13 →26				
→12			→20				↓17	↓16 →17			↓10 →10		
→14			■	↓21	↓15 →29					↓17 →8			■
→10			↓14 →35						↓12 →9			↓12	↓8
→37							→30						
→16						■	→12			■	→5		

Answer on page 142

Scratch pad:

Kakuro 98

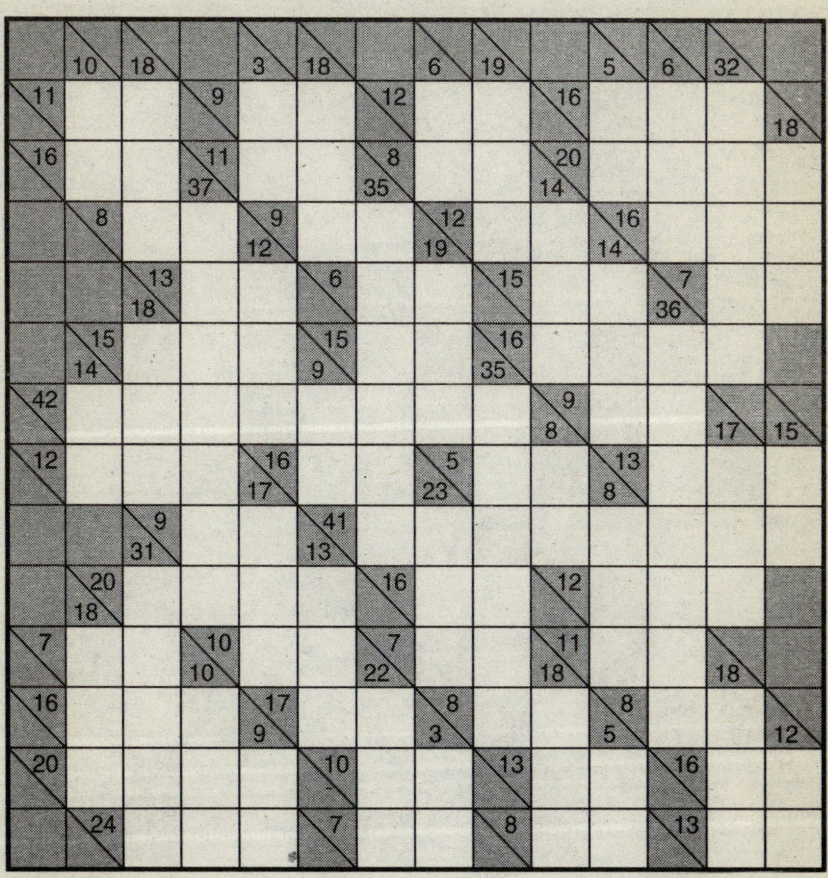

Answer on page 142

Scratch pad:

Kakuro 99

\	20\	10\	\	11\	6\	26\	\	9\	9\	\	19\	3\	10\
\10			\10				11\13			\19			
\4			3\30							21\11			
\18				11\	21\16				11\9			27\	20\
\	16\	31\21					10\	21\13			\17		
\8			\8			25\20					4\8		
\11			8\24						20\16				
\	11\5			11\7			12\12			20\8			7\
\27					15\23						\8		
\10			\14					24\9			15\10		
\8			12\13			15\	11\24					10\	20\
\	10\	17\11			8\21				12\	8\13			
\19				\30							\10		
\11				\16			\10				\16		

Answer on page 142

Scratch pad:

Kakuro 100

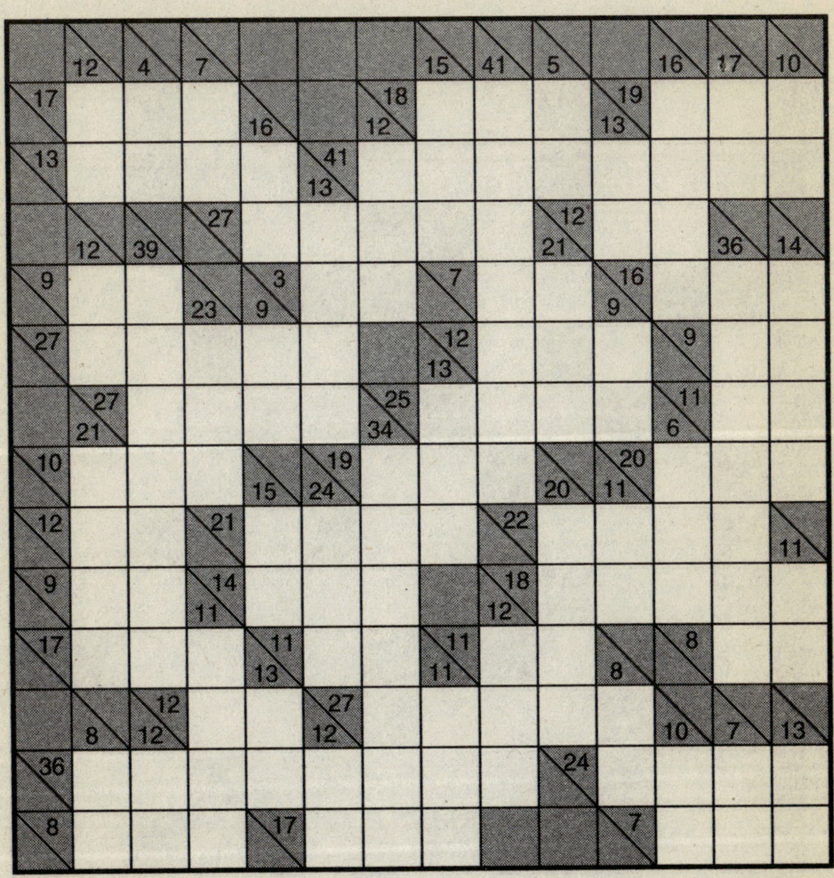

Answer on page 142

Scratch pad:

Kakuro 101

■	10\	19\	■	■	31\	12\	16\	■	19\	20\	■	45\	21\
\16			16\	\17				12\14			\14		
\13				11\38							\16		
■	\12					10\	\6				22\8		
■	12\	45\27					30\	14\	12\14				
\13				12\19						19\13			■
\11			16\6			11\30							■
■	\16				8\13				36\20				8\
■	\30							5\16			20\16		
■	13\11			20\17						6\16			
\24					11\	8\	\14					11\	■
\4			\23				8\	14\11					7\
\8			\22							\13			
\13			\9			\16				■	\11		

Answer on page 142

Scratch pad:

Kakuro 102

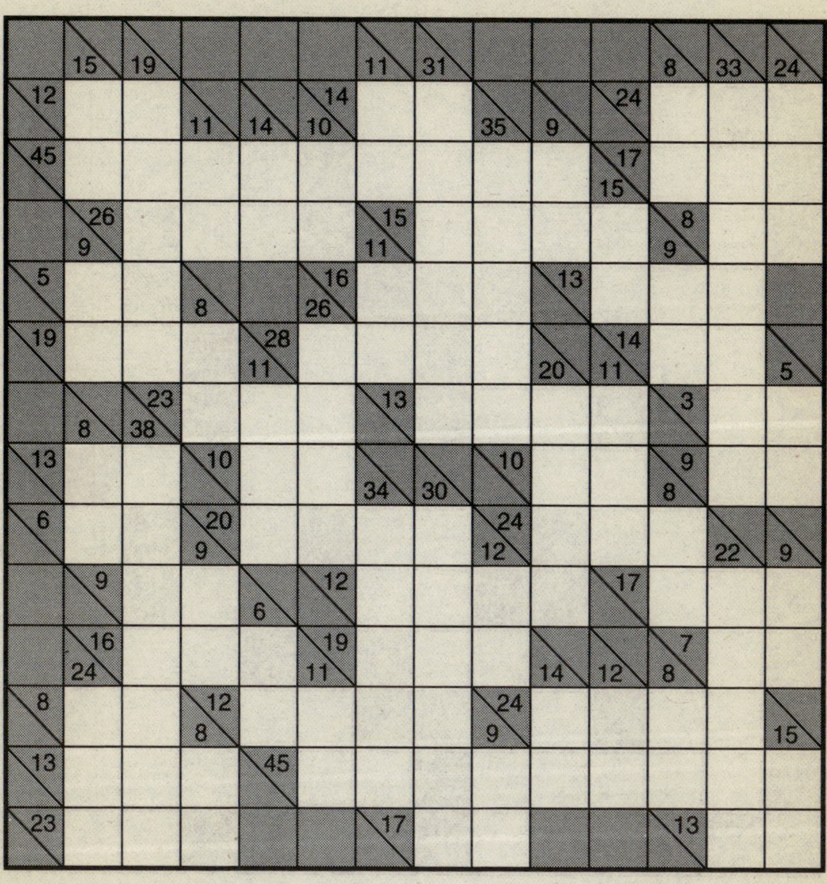

Answer on page 142

Scratch pad:

Kakuro 103

■	■	21\	15\	■	■	11\	14\	■	28\	10\	12\	29\	■
■	34\15			35\	7\9			\10					25\
\29								\27					
\38							■	17\11			\7		
\13					23\	■	26\21				9\11		
\6			\9			\9			25\	\18			
\7			17\14			19\11				30\15			■
■	■	26\45										32\	35\
■	23\9			\12				\8			\8		
\14				30\	12\15			\16			19\7		
\15			\16				■	12\	9\18				
\13			8\9			■	4\21						
\18						\36							
■	\30					\12			■	\15			■

Answer on page 143

Scratch pad:

Kakuro 104

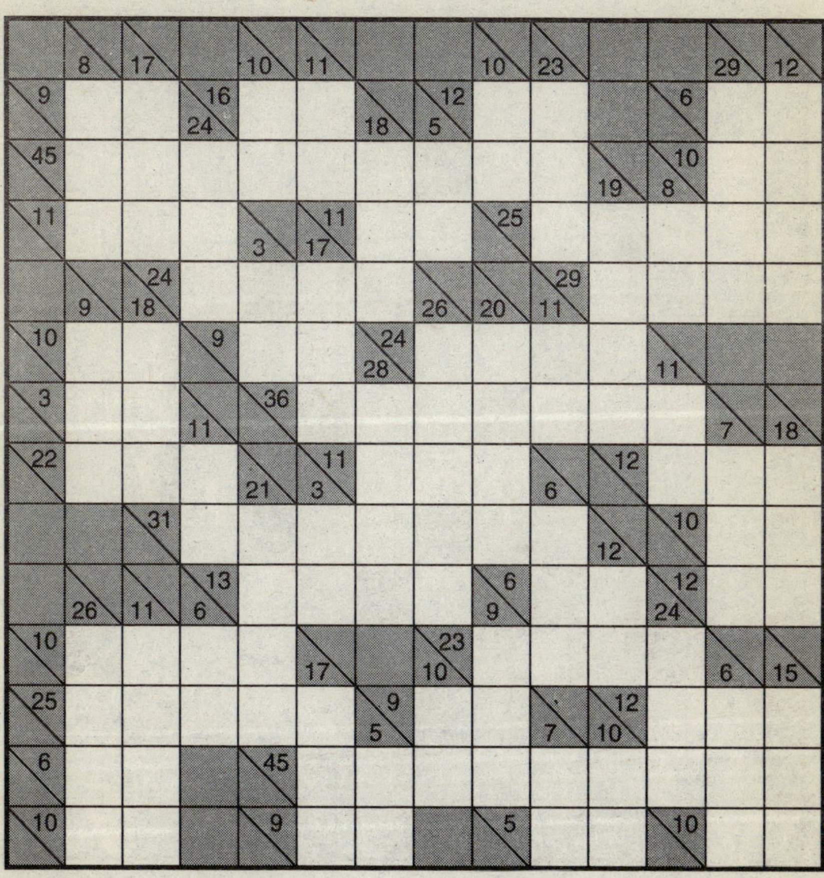

Answer on page 143

Scratch pad:

Kakuro 105

Grid notation: ■ = solid shaded cell; "a\b" = clue cell with down sum a (lower left) and across sum b (upper right); empty = white cell.

■	■	15\	9\	27\	35\	■	■	11\	16\	■	■	13\	15\
■	10\30					■	12\10			15\	17\4		
\26						16\34							
\5			15\30					16\	\30				
■	■	25\25							9\9			26\	■
■	\11			20\13			18\10			17\7			6\
■	6\12				17\10			33\25					
\14			25\42								10\10		
\25						10\7			16\7				■
■	\8			15\5			18\15			28\3			■
■	17\	10\12			\36							11\	10\
\12					11\	7\10					3\7		
\39								\17					
\13			■	\14			■	\23					■

Answer on page 143

Scratch pad:

Kakuro 106

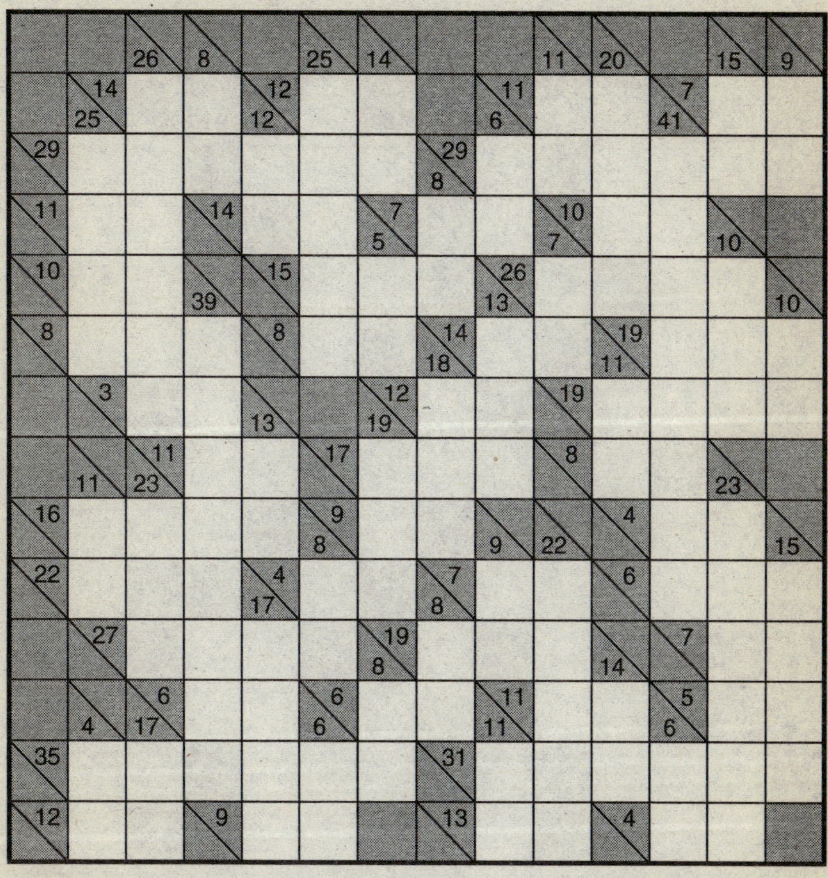

Answer on page 143

Scratch pad:

Kakuro 107

■	9\	22\	■	■	26\	16\	■	20\	13\	■	■	30\	9\
\11			7\	\8			18\9			■	23\16		
\8				5\20						34\19			
■	16\15					\14			\21				■
\14			\7			19\10			22\13				3\
\8			10\	36\12			18\30						
\23					20\9			19\16			15\5		
■	12\	27\45										31\	20\
\10			20\16			27\11			25\15				
\29							16\12			8\	\10		
■	\12				\12			\9			9\16		
■	8\21				13\15			6\20					4\
\24				\22						\11			
\10			■	\12			\9			■	\7		

Answer on page 143

Scratch pad:

Kakuro 108

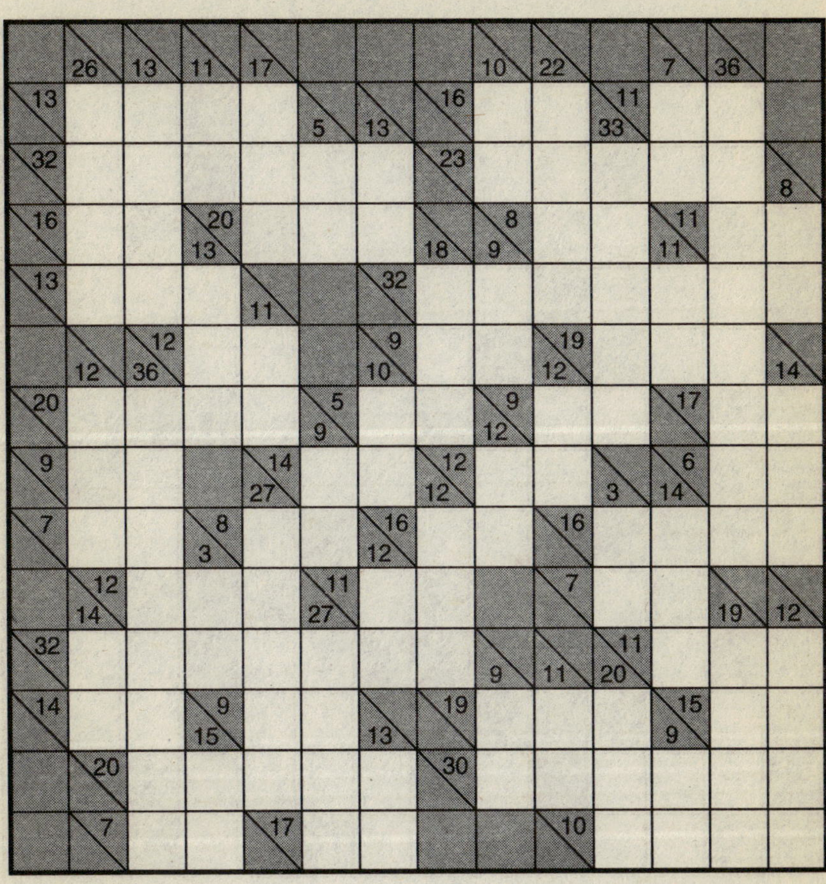

Answer on page 143

Scratch pad:

Kakuro 109

■	7\	39\	■	7\	16\	■	23\	16\	16\	■	5\	27\	■
\5			\5			14\14				\8			11\
\14			5\30							\15			
■	7\6			\23					23\	10\	4\16		
\16				\13			30\	\24					■
\10			13\	7\	27\16			8\11				■	■
■	\29					11\11				13\	8\	■	■
■	■	\45										35\	■
■	■	■	13\	10\10				24\19					3\
■	■	18\19				\6			26\	■	9\8		
■	8\16					8\	14\8			\18			
\12			13\	■	13\18					5\10			9\
\13				\35							\13		
■	\5			\15				\13			\6		

Answer on page 144

Scratch pad:

Kakuro 110

■	■	■	20\	9\	13\	■	17\	10\	■	27\	16\	43\	■
■	21\	11\7				16\6			\13				12\
\40									9\18				
\21				■	20\25						7\10		
\13				14\6			9\	13\30					
■	21\	42\34							\18				21\
\10			\5			17\17			15\	10\	\13		
\5			\23				15\17				\11		
\14			14\	24\	\14			15\4			15\5		
■	11\11				11\22							16\	20\
\29						11\	17\10			\6			
\16			8\22						11\	6\20			
\26					\36								
■	\16				\7			\7				■	■

Answer on page 144

Scratch pad:

Kakuro 111

■	■	■	29\	8\	■	■	4\	18\	■	7\	35\	■	■
■	■	16\10			15\	\8			14\7			16\	5\
■	23\25					21\34							
\16				\14			37\15			\10			
\19				\16				■	11\	25\6			5\
\7			14\	16\12				38\23					
■	■	\13			\22						6\6		
■	8\	24\6			9\16				\8			■	■
\6			16\26						20\13			25\	12\
\23						\14				■	22\15		
■	15\13			■	13\	16\8				\22			
\20				9\8			8\14			12\16			
\37								\13					■
■	■	\14			\5			■	\12			■	■

Answer on page 144

Scratch pad:

Kakuro 112

Answer on page 144

Scratch pad:

Kakuro 113

■	10\	11\	12\	13\	16\	■	■	23\	10\	■	30\	34\	■
\18						21\	\12			15\10			12\
\32							6\22						
■	■	24\13			\20				12\23				
■	9\9			24\	14\22					\17			■
\10			\20				\5			24\11			■
\16			35\11				■	33\	10\6			24\	■
■	\22						\31						5\
■	■	34\9			4\	28\	\16				\12		
■	\10			\10			16\14				23\8		
■	13\16			9\16					■	24\9			■
\21					8\10				4\15			10\	3\
\28							\30						
■	\12			\10			■	\27					

Answer on page 144

Scratch pad:

Kakuro 114

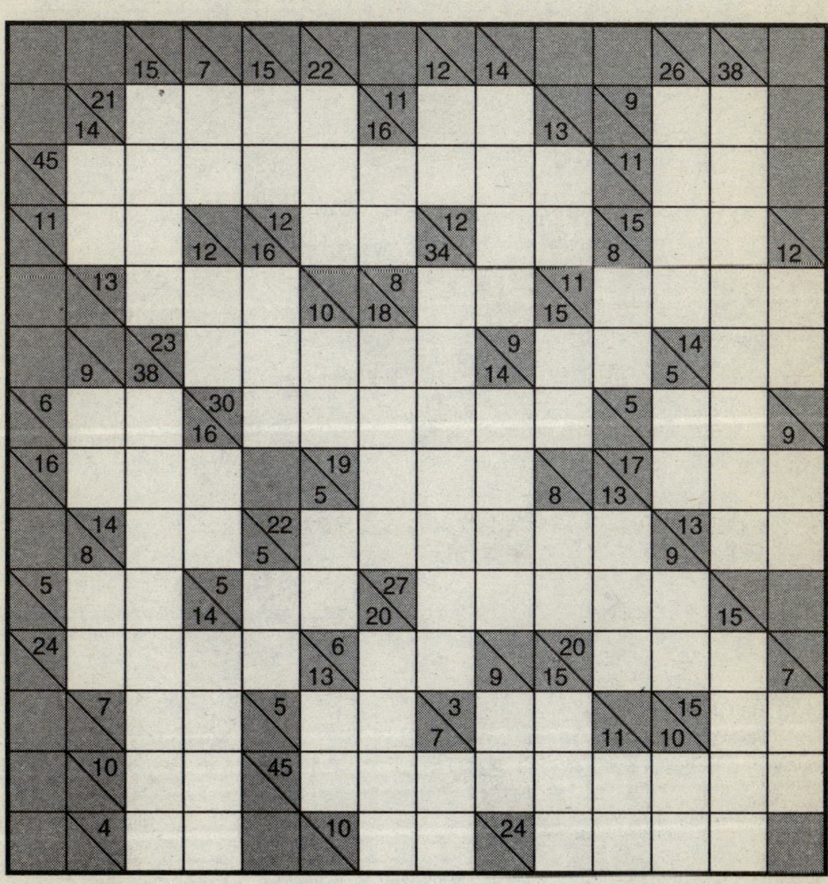

Answer on page 144

Scratch pad:

Kakuro 115

■	20\	36\	■	13\	19\	■	16\	14\	■	■	■	25\	10\
\12			\7			11\7			■	19\	10\6		
\10			\27						\20				
\4			20\	\15				30\	9\19				15\
■	\14			8\	\29						\7		
■	14\10				4\	■	8\23				19\11		
\28						19\11			8\12			34\	8\
\12				21\32						11\6			
■	17\	23\12			10\7			\28					
\10			\19				15\	11\	\10				■
\12			16\27						20\	\13			22\
■	14\19				■	9\14				10\	\13		
\25					\22						\10		
\7			■	■	\7			\5			\6		

Answer on page 145

Scratch pad:

Kakuro 116

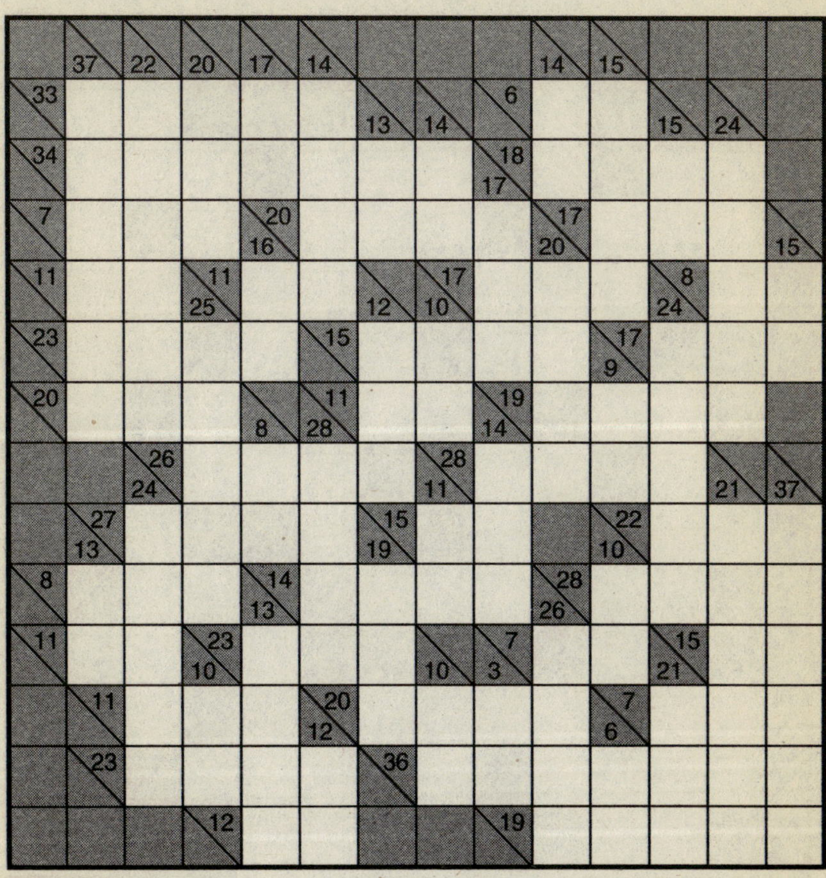

Answer on page 145

Scratch pad:

Kakuro 117

■	26\	19\	■	10\	6\	21\	19\	■	■	■	10\	39\	■
\10			\19					10\	■	6\8			8\
\17			18\29						24\23				
\24				13\	10\17						10\9		
\25						■	12\13			\5			■
■	■	43\8				10\20				14\17			9\
■	10\11			10\	25\9			10\11			\4		
\4			\10				10\15				21\10		
\11			9\11			20\6			11\	6\10			
■	\12			\11				\20				24\	14\
■	16\10			13\10			19\	15\24					
\14			8\24						3\	9\7			
\30					\31						\5		
■	\5			■	■	\20					\11		

Answer on page 145

Scratch pad:

Kakuro 118

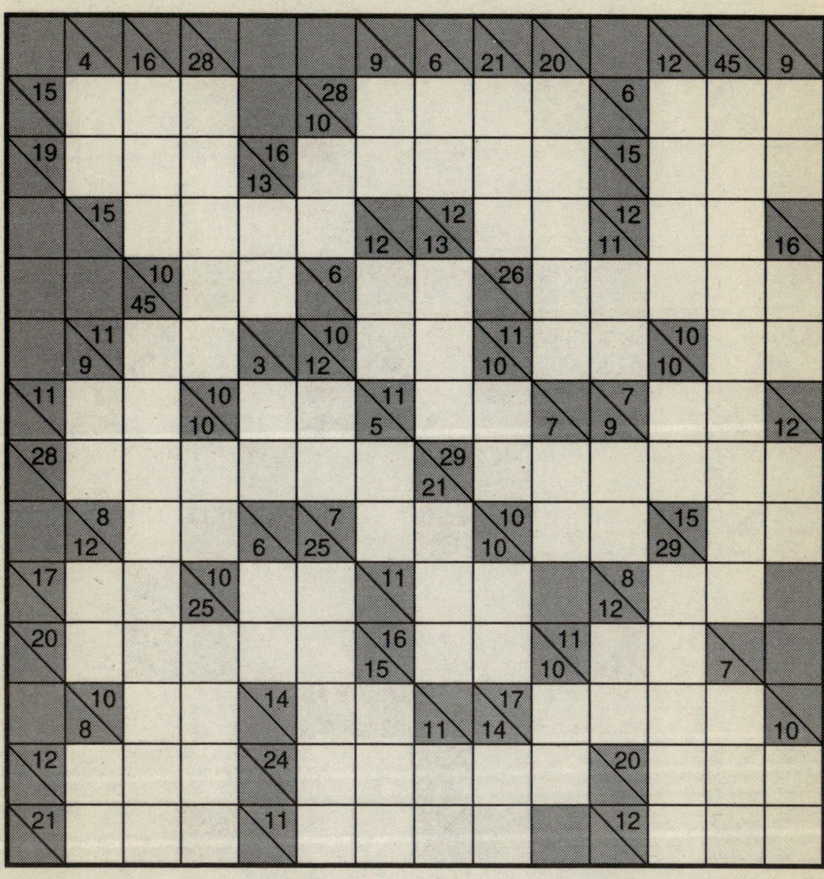

Answer on page 145

Scratch pad:

Kakuro 119

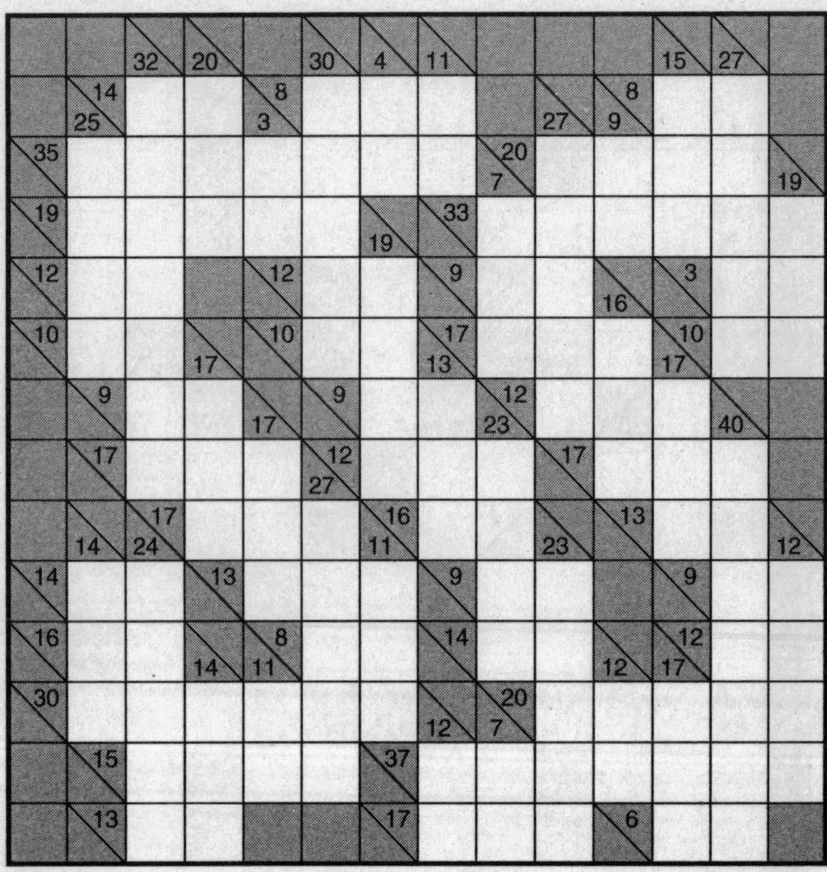

Answer on page 145

Scratch pad:

Kakuro 120

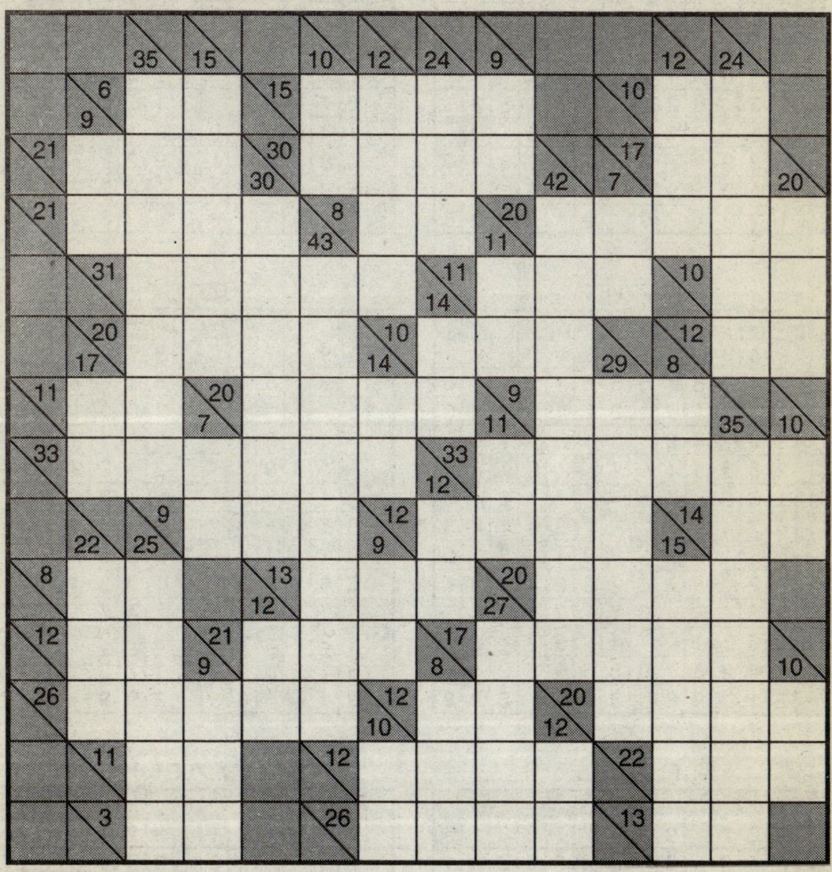

Answer on page 145

Scratch pad:

PUZZLE 1

4	2		4	3	9		8	1		4	2	1
7	3		2	1	7		9	6		7	4	3
	1	9	8		1	9	3			9	1	
		7	9			4	2	9	6	1		
1	2	8		9	5			7	2		8	6
3	4		4	1	3	8	7	2		8	3	1
		7	8		1	7	5		4	9		
9	5	6		1	2	9	8	3	7		9	2
8	3		6	2			9	7		8	2	1
		1	9	4	2	3			8	1		
	3	9			3	9	1		9	3	1	
3	1	8		9	8		9	3	1		7	2
1	2	3		7	9		8	1	2		9	8

PUZZLE 2

		2	1			2	3	1	5	9	4	7
	4	3	2	9		7	2	4	6	8	5	9
6	2			1	6		5	8		1	3	
8	7	9		2	9	6	1		8	7	1	9
7	1	2	6		8	5			1	5	2	3
9	5		1	8	2	4			6	2		
	9	6		3	1	2	4	5		3	1	
		3	5			1	2	3	4		9	3
8	7	4	9			3	1		9	5	6	1
1	4	5	2		9	8	6	1		9	7	2
	8	7		3	1		9	2			8	5
5	9	8	3	7	4	6		8	9	7	2	
7	6	9	4	1	2	3			8	1		

PUZZLE 3

9	4	8			1	6		8	9		9	1
4	1	2	6		3	5	8	1	2	4	7	6
			1	6		2	7		1	2	5	3
3	9		8	9		3	1	5		1	6	2
2	8	3	5	4	6	1		4	9		8	4
1	6	2		1	5				1	3		
6	7	4	9	8				5	4	1	2	3
		1	5				8	1		8	1	5
7	2		8	7		2	9	8	4	7	3	6
8	3	1		4	3	1		7	1		5	7
9	6	7	1		7	4		9	7			
6	4	2	3	1	9	8	5		8	2	1	4
2	1		9	8		3	1			3	9	8

PUZZLE 4

1	9		2	1	8		9	7			4	8
2	3		8	2	9		8	1		3	1	9
5	7				1	2	7	3		1	2	3
3	4	1	6	2		1	5		1	8		
		4	9	7			2	4	7	9	1	5
	4	2	8	9	1	3		1	9		2	7
3	1				2	7	9				5	9
9	2		1	4		1	5	8	6	2	9	
7	6	1	3	9	8			9	3	4		
		5	6		1	3		4	5	1	3	2
1	2	4		1	3	2	9				9	8
3	1	9		9	2		1	7	5		7	9
9	4			8	5		2	9	8		8	1

PUZZLE 5

9	2	7		9	8	6		7	2	3	1	
8	4	6	5	3	1	2		8	9	2	3	1
7	1		9	7	2		1	5		8	2	5
		9	7	8			8	9		4	5	
	7	5	8	1	9			2	9	1		
9	2	1			4	9		1	2		9	4
8	4	3		1	5	7	9	3		9	8	7
7	1		1	6		1	7			7	3	1
		1	4	7			1	8	3	4	2	
	9	7		2	9			1	4	2		
6	8	3		3	1		9	4	2		1	6
1	2	4	8	9		3	8	5	1	6	2	9
	1	2	3	8		1	4	2		4	3	8

PUZZLE 6

4	7			2	1		3	2	1		9	3
7	9	3		3	8		9	8	4	3	1	2
2	6	1	4	8	9	5			9	7	8	5
1	5		3	9		1	2				3	1
		9	2	7			5	7	8	9	2	
1	2	3		1	3	2		1	2	4		
5	9				9	8	1				5	9
		8	1	7		9	5	1		7	1	2
	4	6	5	9	8			6	4	1		
8	1				2	9		4	2		8	9
9	5	7	8			4	8	9	1	5	2	6
7	3	1	2	6	5		1	7		7	1	3
5	2		1	4	6		2	8			9	7

PUZZLE 7

1	3		2	1	9	6			1	3		
4	5	2	1	7	6	8	9		2	1	8	
7	9	1			8	1	2	6			9	7
2	8			9	4			1	3	4	6	2
	4	9		2	1	9	8		1	9	5	
		3	4			3	1	7	2		7	9
4	1		6	7				9	5		1	7
9	3		8	9	5	7			4	6		
	9	7	5		1	2	9	7		5	9	
9	8	4	2	6			2	1			6	2
3	7			1	8	9	4			1	8	7
	2	9	7		1	2	3	8	4	6	7	9
		5	1			3	1	9	8		3	1

PUZZLE 8

3	1	8	9	2		2	9				6	8
5	3	7	8	4	6	1	2		1	2	3	5
		1	7		9	3	5	6	7	8		
7	4		1	9			3	9		1	9	7
9	1		3	8		9	1	2			8	4
	3	1			6	2		1	8	9	7	2
1	6	8	2		9	3	8		2	8	6	1
2	7	9	6	8		5	9			1	4	
4	9			7	6	1		4	7		1	3
6	8	9		9	8			8	9		2	9
		2	3	5	4	1	7		3	7		
2	1	4	9		7	2	8	4	6	5	9	1
9	4				9	4		8	2	6	7	3

PUZZLE 9

3	1	9	7			7	1	3			8	9
6	5	7	8	9		9	7	8			2	8
			1	2	9	4		4	9	8	1	2
3	7	1			3	2	1		1	6		
7	9	4	1	2			2	4	3	9	1	5
		7	8	9	5	3	4	6			2	1
1	3	9	7		9	7	6		1	2	8	9
2	8			9	8	1	3	5	6	7		
5	9	1	2	3	6			1	2	4	6	3
		2	8		7	1	3			6	8	5
2	1	8	9	4		4	9	1	2			
9	8			9	2	7		3	1	2	8	4
8	2			8	6	9			3	1	9	8

PUZZLE 10

9	7		7	3	1			4	1	2	3	8
1	3	4	9	8	2	7		8	7	6	4	9
6	8	9				1	7			1	2	7
8	9		1	3			5	9			1	6
		2	7	9				7	3	5	8	
	4	9			7	9		4	1	2	9	8
9	5			9	5	1	2	3			6	1
6	1	4	5	2		3	9			1	7	
	3	2	9	1				3	1	6		
3	9			8	1			8	9		8	3
2	8	9			4	6				3	9	8
5	7	6	8	9		3	9	6	8	1	5	2
1	6	2	3	7			7	1	2		7	1

PUZZLE 11

		1	8		2	1	8			8	3	2
2	1	3	7	5	6	4	9			9	8	6
7	6	5	9	8			1	7	3	4	2	
		2	5		8	1		8	2	3	1	
9	8			3	5	2	1	9	6		7	1
2	1	8	5	9		3	7		1	3	9	2
		2	8		1	4	9		8	1		
1	8	6	9		9	7		3	9	8	2	1
7	9		3	1	7	8	6	9			9	2
	3	4	1	2		9	7		5	8		
	7	9	6	4	8			4	1	6	3	2
9	2	8			2	6	4	9	3	7	8	1
5	1	7			1	9	7		2	9		

PUZZLE 12

		7	9	8	6	5			7	2	4	9
	9	3	8	7	5	2	1		4	1	2	3
6	1		7	2			7	8	9	6	5	
9	7		3	1	6			1	8		1	5
	5	3			2	4	9		6	4	3	9
3	2	1	5			7	1	9	3	2		
9	6		9	8				5	1		4	1
		2	7	1	9	8			5	7	9	6
8	6	9	4		5	1	9			1	3	
9	8		1	9			7	1	3		8	4
	7	5	6	8	9			6	2		1	9
2	5	1	3		4	9	8	5	1	7	2	
7	9	2	8			8	1	2	4	3		

PUZZLE 13

		7	9	8	6			2	9			4	1
		3	1	4	2			1	8		5	8	9
	1	8		9	8	1	7	4	6		1	6	8
	2	9	3		9	6	8		1	7		5	2
			2	3	1		1	8		1	5	2	3
	6	4	9	8	7		4	9			9	7	
	2	8		7	3	1	2	6	8	9		3	9
		3	1			7	3		4	7	9	1	2
	8	9	7	2		2	9		2	1	3		
	9	5		6	9		6	8	9		6	9	1
	2	1	6		1	2	5	4	7	9		7	2
	1	6	7		7	9			1	5	3	2	
	5	7			2	8			5	7	9	8	

PUZZLE 14

	8	9	7		7	2		9	8	6		8	2
	3	8	1	4	9	6		7	4	1	8	9	6
	1	5		2	3	1	5	8	6		9	6	
	2	7		6	8	7	9		7	8			
			3	1	2			9	3	5	8	7	
	1	2	9				4	8	5		1	3	9
	5	9			4	9	5	6	1			2	8
	3	8	2		2	4	1				6	1	2
		6	3	8	5	2			9	8	3		
				9	1		2	4	3	1		7	1
		3	1		6	2	3	9	8	7		5	2
	9	7	6	2	8	1		5	4	2	1	8	3
	3	1		8	9	3		8	1		7	9	8

PUZZLE 15

		7	3	9	8	1			3	8	9		
	2	5	4	8	6	3	1		2	1	7	9	6
	8	9		5	2		3	9	8			6	3
		1	3	7	9	2		4	1	2	7		
			2	4		9	1	3		4	1	9	3
	2	3	1				2	8	1	9		8	5
	1	7		9	2	1	5	7	3	8		7	2
	4	9		8	1	3	9				2	3	1
	3	8	4	1		9	8	2		7	9		
			7	3	1	2		6	7	3	8	9	
	2	9			2	8	1		8	6		1	5
	1	3	6	8	9		2	8	4	1	5	3	6
			1	3	7			9	1	2	3	4	

PUZZLE 16

		3	4	1	2		1	7		9	7	3	1
	2	5	1	9	6		6	8		8	9	5	7
	1	8	3		7	9		2	5	4	3	1	
		7	9		3	2	1	9	8	7	6		
	6	1	2	3			3	5	4	2	1		
	5	9		2	6		8	1			8	1	
	9	6			8	1	9	5	4			4	9
		2	4			3	4		3	9		2	8
			1	2	4		3	9		2	1	3	4
			3	1	9	2	7	8	5		2	6	
		6	9	5	8	7		6	3		7	8	1
	7	5	8	9		1	3		2	5	9	7	6
	2	1	5	3		3	9		1	2	3	5	

PUZZLE 17

	1	2			1	9		2	8				
	7	9	1		3	6		6	4	1	9	2	7
		8	6	9		3	1	8		7	8	5	9
	3	1		1	5	4	2	7	3		7	1	
	5	4		2	9	8	7		8	1			
	7	5	9	4	8		5	7	9	8		5	8
	9	7	8			2	6	3			9	8	6
	8	6		2	1	8	4		8	9	7	2	1
				9	3		3	2	1	8		7	3
		8	4		9	1	8	4	6	7		4	7
	1	5	2	3		5	9	7		2	4	1	
	3	9	1	8	6	4		9	4		9	3	1
					2	7		8	1			6	5

PUZZLE 18

	5	9		8	5		8	9				9	5
	9	7		1	2	3	4	5	6	9		8	1
	2	4	5		1	2	9		3	1	2	6	
			1	2	7	9			4	2	9	7	
	9	7		1	9			9	2			4	8
	7	1	9			3	4	5	1	2		5	9
	4	2	3	1		1	2	7		9	3	1	4
	8	5		6	7	4	9	8			8	2	6
	6	3			8	2			5	7		3	7
		4	1	2	5			8	3	9	7		
		8	3	1	6		9	7	8		5	4	2
	1	9		8	9	4	3	1	2	6		7	4
	3	6				9	4		7	8		9	3

PUZZLE 19

5	8	9	7		4	7				7	1	2
1	3	8	2		5	3	2	7	4	9	8	6
	1	6	3	7			4	9	7	8	6	
8	9		1	2	7			5	3		7	1
1	5	3	4	8	6	2		2	1		9	5
	6	9			8	6		1	5	3	2	
		2	9		9	8	4		2	1		
	9	1	6	8		9	3			6	1	
3	1		2	7		1	2	3	4	9	8	7
6	2		3	9			1	7	9		4	6
	8	9	4	6	7			1	2	7	3	
7	5	4	1	2	3	8	9		1	8	2	3
9	7	1				1	3		6	9	7	8

PUZZLE 20

1	3	2	4				7	9	8		8	9
7	6	3	8	5	9		2	1	6	9	5	7
			7	1	8	9			3	7	1	2
		3	1		2	1			1	4	2	
5	3	1	2	9	7	8		1	4		9	2
9	8	2		6	5	3	8	7	9		7	1
		4	9		6	7	9		2	6		
3	1		8	9	4	2	5	7		8	4	3
5	2		4	6		4	3	5	7	9	2	1
	9	8	3			6	7		4	3		
8	7	2	1			5	6	8	9			
9	8	7	2	5	3		4	1	6	3	2	5
1	3		7	9	6				8	7	1	2

PUZZLE 21

5	9		9	2		9	2			1	3	8
2	4	7	8	6	5	3	1		1	8	4	9
1	2	9		9	3		9	7	2		2	7
3	8		3	8			6	1			1	6
		9	4		1	4			7	1	9	
	7	3			2	9		1	4	2	7	6
4	2			9	6		7	3			5	1
7	6	1	4	2		7	1			1	6	
	8	2	9			9	2		4	6		
6	3			1	9			5	9		1	6
9	5		7	3	5		2	1		3	7	9
7	1	2	3		6	4	5	3	7	2	9	8
8	4	9			1	8		4	9		2	7

PUZZLE 22

6	9	8			1	5	7	2	9	8		
1	2	4		5	3	7	2	4	8	6	9	
4	8		4	6		8	6		2	1	4	
3	7	4	1		5	4		1	4	2	8	9
2	6	1		6	3		2	7			2	8
		9	3	2		2	7	9			1	7
		7	1		2	1	9		1	7		
4	9			2	1	9		1	5	9		
2	8			9	7		7	2		3	6	2
1	6	9	7	8		7	3		3	5	7	6
	4	2	1		9	8		8	5		9	3
	7	8	3	4	2	9	1	6		4	2	1
		7	2	5	8	6	4			9	8	4

PUZZLE 23

2	7			2	6	1		8	3		7	9
1	2	4		8	9	2		2	1	9	6	5
5	8	9	7			5	9			8	9	
3	9		3	8	9		7	9			8	7
		3	1	5	7	9		8	6	9	3	1
9	7	4	2		2	6		6	1	4	2	
5	8			2	4	8	9	1			4	9
	1	3	2	8		4	7		9	3	1	2
1	2	8	7	9		2	4	9	8	1		
5	6			7	1		1	2	7		3	8
	4	1			7	3			4	1	2	5
1	9	2	7	8		7	2	1		7	8	9
4	5		9	3		9	5	3			1	7

PUZZLE 24

	2	3	4	1				3	6	8	9	
	8	9	7	4	6		3	1	2	7	8	9
1	5		8	2	3	1	6	9		1	5	4
7	9		9	5	8	7			9	2	7	
3	7			3	5			4	2		3	9
		9	3		2	9		9	3		2	7
	8	2	1		1	3	9		8	9	1	
2	6		9	1		1	3		1	8		
1	9		7	2			4	9			6	4
	4	8	2			7	5	8	9		5	6
3	1	9		9	7	1	2	6	3		7	9
2	5	7	8	3	1		1	4	2	3	8	
	2	3	5	1				7	5	8	9	

PUZZLE 25

		2	9	8		8	2	1			1	8
1	2	3	5	4	8	9	7	6			3	7
6	8	9			4	1			4	8	9	6
7	6	8	9				7	9	8	6	5	
		7	3	9			1	8		1	2	
	8	5		1	9	8		3	6		4	7
6	9	1	8		7	9	1		8	1	6	9
2	1		4	9		7	5	1		7	8	
	6	9		7	1			6	8	9		
	2	1	6	8	3				1	3	2	5
1	4	2	9			9	7			8	7	9
5	3			6	8	3	9	4	5	2	1	7
6	7			1	4	2		7	9	5		

PUZZLE 26

	9	5		5	7	4		5	1		8	5
9	8	6		1	8	2		9	2		1	3
8	2				3	1	9		9	8	2	1
2	1	7		7	9		5	9		9	4	2
		6	8	5		5	1	8	2	3		
1	2	4	7		8	6		2	3	1		
7	9	3		3	9		8	7		4	9	7
		9	8	7		7	5		6	2	3	1
		8	6	1	2	9		3	9	5		
3	7	1		2	9		9	7		7	1	3
2	9	5	1		1	4	2				2	7
1	3		7	1		9	7	5		1	7	9
5	8		9	2		7	8	1		2	9	

PUZZLE 27

3	7			8	3		1	8		3	2	9
6	8		2	3	1	6	8	9		2	1	8
2	5		8	7	5	9		1	6	8	9	
	9	8	6	1		3	9		1	6		
		9	1		9	1	3	7		1	3	
	4	1		2	8		1	9	7		8	9
9	8		5	3				3	9		6	1
2	6		9	4	1		4	1		8	9	
	9	7		1	6	2	3		1	9		
		3	2		8	9		2	8	5	1	
	7	8	5	9		1	2	3	4		6	2
9	3	5		1	2	5	6	8	9		8	7
5	1	4		3	9		8	9			9	1

PUZZLE 28

9	4			9	4		3	8	9		2	8
1	2	4		8	3		1	2	7		5	9
3	1	9		1	2	8	9				1	7
		5	8		1	2		8	9	7	4	6
8	6	1	2	9	7			3	6	1		
4	2		1	5		6	5	4	8	2	1	
2	3				2	1	7				2	7
	1	2	9	3	8	7		7	1		3	9
		3	8	7			9	3	2	1	7	8
5	8	6	7	9		3	1		9	3		
2	6				8	4	2	1		7	9	1
1	3		6	2	1		4	9		9	8	7
3	9		9	8	2		3	8			6	2

PUZZLE 29

		8	1		7	2	1		9	4	8	7
7	8	3	5	1	9	4	6		5	2	1	3
9	7	2		3	5	1		9	8	1		
	4	1			8	6	9	7	2		7	1
2	9		1	7		3	8	2	1		9	8
1	3		2	8			2	1		7	5	
7	6	4	8	9				4	7	5	1	2
	2	1		6	9			3	1		6	9
6	5		9	2	1	8		5	9		2	8
2	1		8	3	6	7	9			2	4	
		9	3	1		1	2	8		8	3	1
7	9	8	6		1	3	4	7	5	6	8	9
3	2	7	1		5	2	8		8	9		

PUZZLE 30

8	9		1	2	7			1	2	8		
1	2	3	6	8	9	7		6	7	9	5	2
		6	9		6	8	9			7	4	1
2	1			6	8	9	7			1	3	
4	3		3	4		1	3	9	5		2	7
	2	1	9		4	3		7	1		8	9
	6	3		1	7		6	1		6	9	
1	4		1	2		6	4		9	1	7	
7	8		8	6	2	9		9	5		6	5
	5	2			6	7	9	5			1	2
1	7	8			1	8	7		1	6		
8	9	7	6	5		5	1	3	2	4	9	8
		9	4	7			3	9	7		7	5

PUZZLE 31

3	9		5	8					5	7	9	8
2	7		3	5				1	2	3	4	5
	5	1	2	4				3	9		1	6
9	8	6	4	7		2	1	9		1	3	7
8	3		1	6	7	8	9		3	7	2	9
7	2			3	1	4	2	6	5	8		
6	1		5	1				1	7		7	9
		2	4	9	1	7	5	8			3	7
4	3	1	2		4	9	2	3	7		4	8
7	5	4		5	2	4		9	8	7	2	5
9	1		1	2				7	5	3	1	
6	2	1	7	9				4	9		9	7
8	7	6	9					2	6		8	1

PUZZLE 32

2	1	8				8	3			8	6	1
9	2	7	3	1		2	1	9	8	7	5	3
	3	9	8	2				8	2	4	1	
2	8			4	1	7	6	5		6	2	
7	9	5	8		2	9	8			9	8	4
1	7	2	4	9	3	8		3	1		9	1
			2	1	4	6	8	5	3			
8	1		1	3		3	9	7	4	1	6	2
4	2	1			3	1	5		8	6	9	7
	8	4		2	9	4	7	3			4	1
	9	5	7	4				9	6	7	5	
7	5	2	3	1	9	8		8	1	9	2	7
8	4	3			2	1				2	1	6

PUZZLE 33

1	5		7	8	9	6				1	8	3
5	9	8	2	6	3	1		1	8	7	9	4
3	8	1		7	1		1	3	9		7	2
2	7		3	1			2	9		9	2	1
	3	9	8	2		1	9			2	1	
9	2	7		9	3	7			8	5		
4	1	6	7		8	9	1		2	7	9	5
		4	1			8	6	9		1	8	2
	9	8			8	3		8	3	4	5	
9	7	1		9	2			6	2		3	7
8	1		8	3	1		9	7		3	1	8
7	2	3	4	1		8	7	3	9	1	2	6
5	4	1				3	2	1	4		7	9

PUZZLE 34

1	6			7	8		6	5			4	1
4	9	8	2	5	1		2	1		2	8	9
3	8	2	1			9	8	4	7	1	5	3
2	7			9	5	7		8	9	6	7	
	3	5		1	3	4	8			3	9	
		3	1		7	8	9	5			3	8
4	1		2	8	4	6	7	1	3		1	9
8	5			5	1	2	3		1	6		
	8	2			2	3	6	9		5	4	
	9	8	6	1		1	2	6			6	2
7	6	4	3	2	1	5			2	1	8	3
9	7	1		8	2		1	2	8	5	9	4
1	4			9	7		5	9			5	1

PUZZLE 35

4	8			8	5			3	8	4	2	1
5	6	4	2	1	3			7	9	8	6	5
	5	2	1	9	6	7	3		7	1		
7	2		3	5		9	1			6	2	1
8	4		8	6	9		8	5		9	8	5
3	1		6	7	8	9		1	9	5		
	9	1	7		1	7	9		5	2	3	
		2	9	8		1	2	9	8		5	1
1	2	3		1	9		1	8	7		9	7
9	7	5			3	8		7	1		8	2
		7	9		1	9	6	4	3	8	2	
7	9	8	6	4			5	3	2	6	1	4
1	7	9	8	2			9	6			6	9

PUZZLE 36

1	6		7	3		1	5		6	7	9	
2	4	6	5	1	8	9	7		1	3	7	9
	9	1			2	7	8	1			2	7
	5	2		8	9		9	2		8	1	3
8	7		8	9	7	4			6	2		
9	8		4	2		3	8	6	9		7	4
7	3			1	5		4	1			9	5
2	1		9	3	6	5		3	2		4	8
		4	7			1	9	8	6		1	2
4	2	5		1	7		7	4		3	8	
7	4			2	6	3	1			1	3	
9	8	2	1		9	8	3	4	1	5	6	2
	9	8	4		8	1		6	3		5	1

PUZZLE 37

	8	2	1			9	8	2			4	2
	9	8	6	7	4	5	3	1	2		3	5
8	3			9	2			9	7	4	5	
5	1	9	8			3	2			2	1	
		7	9			2	5	4	1		9	2
4	9				5	8		9	8	2	6	1
1	2	5			3	7	2			9	7	3
2	6	9	8	7		6	1				8	5
3	8		2	9	1	5			7	2		
	5	9			9	4			1	4	9	3
	7	1	8	9			2	3			8	1
7	4		1	3	5	8	6	4	9	2	7	
2	1			1	2	4			8	1	3	

PUZZLE 38

	9	8	4	6		6	1			1	3	
	3	5	1	2		8	2	1	9	5	6	7
9	5		2	9		9	6	8	7		4	8
5	1	8		1	2	7			5	9	1	6
	4	2		4	7			9	2	4		
3	7				4	7	3	5	1	2	6	
9	8	2			9	6	5			1	7	9
	6	4	1	9	8	3	2				3	8
		1	3	7			4	6		7	2	
8	9	3	2			7	1	2		4	1	2
1	8		8	6	7	9		3	9		8	4
6	7	9	4	1	2	8		7	8	6	9	
	5	1			1	6		4	6	1	5	

PUZZLE 39

9	5			9	8			8	1		9	5
2	1	8		7	1			9	7	8	5	6
		7	2	1			9	5		9	6	
		9	6	8	1	5	7	3	2		4	9
	7	2	1		6	7			9	7	3	1
4	9		5	2	3				5	2		
1	8		8	9				7	1		9	4
		1	3				1	2	3		7	1
6	8	2	9			3	6		8	9	1	
1	2		7	9	5	1	2	8	6	4		
	1	2		7	3			3	4	1		
9	5	6	7	1			2	7		8	2	1
7	3		5	8			5	9			7	3

PUZZLE 40

2	8		4	9			1	5			3	7
1	5		3	2		6	8	9	4		4	9
7	9	1	8		4	1			6	7	1	
		6	7	9	5		6	5		9	2	
9	8		1	8		8	9	4	7		8	4
6	1	3	2		6	4		8	9	6	5	1
7	2	8		5	9		9	1		9	7	3
4	3	5	2	1		6	3		9	8	6	2
8	4		9	2	8	3		9	6		9	6
	7	2		3	1		9	3	2	1		
	9	3	4			9	3		7	3	9	6
1	5		8	1	3	2		8	3		7	3
8	6			2	9			7	1		2	1

PUZZLE 41

7	4	2			9	6		4	1		9	7
6	3	1	2		6	4	5	7	9	8	2	1
8	1		9	3			1	6	8	2		
9	7			2	7	6	9	8		9	2	1
	9	4		1	3	2		2	1		8	3
		3	9		8	1		9	3		7	2
9	6	2	8		9	3	1		6	2	9	8
7	9		5	7		9	4		8	4		
8	7		7	3		5	2	8		5	2	
3	1	9		1	3	8	6	9			1	2
		1	3	2	8			6	1		9	5
3	1	6	7	8	9	4	5		5	9	8	3
8	2		2	4		7	9			7	3	1

PUZZLE 42

9	8				3	1			9	2	3	
7	4		9	8	1	2		9	8	4	6	7
1	2	3	5	4		9	2	5	1		9	5
	1	8			2	8	1	4	3		8	1
1	5	9	8	7	4			8	7	1		
5	9		9	8		1	8	7		7	2	1
3	7	9			1	3	2			9	4	2
2	6	8		2	8	9		1	6		5	8
		1	7	9			5	2	3	1	6	9
8	2		3	4	1	2	9			3	7	
5	1		2	6	7	5		5	6	9	8	7
9	8	2	1	5		4	3	1	2		3	1
	9	7	5			1	5				9	2

PUZZLE 43

	1	4			8	6	9	7			9	2
1	2	8	4		3	2	5	1	4	9	8	6
2	7	9	6	5	4	1	3		3	8		
7	9			8	1		2	9			7	9
3	6		8	9			1	5			2	8
6	8	2	9	7	1	3			8	9	1	2
		9	7	6	8	5	4	1	2	3		
9	5	7	6			9	8	3	5	7	2	1
8	2			1	8			5	9		9	8
6	1			7	9		7	9			8	3
		9	7		2	9	5	8	3	7	6	4
3	5	2	1	9	7	8	6		1	9	4	2
6	8			2	1	4	3			4	1	

PUZZLE 44

	5	1		8	1		5	1			2	5
	9	6	8	7	5	4	3	2	1		1	3
8	6		9	4		7	6	5	4	8	9	
3	2		1	2		9	1			2	8	
	1	3		1	8				9	1	6	8
		9	3		1	3		9	2		4	5
1	3		9	7	3	4	2	8	1		5	9
3	7		8	2		1	7		3	9		
9	8	6	1				3	2		7	6	
	9	3			3	1		7	1		2	1
	2	1	3	7	5	4		5	2		3	9
5	1		1	3	4	2	7	8	9	6	5	
9	6			4	2		1	9		7	1	

PUZZLE 45

3	6	2	9			7	9				9	8
1	2	4	5	8		1	7	9		9	7	6
			1	7	2		2	7		8	1	
9	3		3	9	8	1		1	9	3		
2	1	9	8		9	8	1		2	1	9	
		1	7	9		9	2	1			5	9
3	1	8		1	8		4	9		7	1	2
8	4			2	1	9		5	6	8		
	9	1	3		2	1	9		7	9	8	6
		3	9	1		2	1	8	3		9	1
	5	9		8	1		2	7	1			
4	9	7		9	7	4		9	8	1	4	2
3	7				9	7			9	3	2	1

PUZZLE 46

3	4	1	2	8			7	2			6	1
7	8	2	4	9	1		1	4	8	6	9	2
		6	9		2	8			3	1	7	
3	1	7				3	2				8	9
8	3			1	9		9	3	1		3	7
		4	1	2	7	9		9	6	3	2	1
	1	7	8		1	3	9		8	2	1	
1	2	9	7	3		1	2	3	9	8		
9	7		9	8	1		3	9			9	2
8	5				4	9				9	3	1
	8	2	1			7	3		9	8		
4	9	8	2	6	3		7	3	2	1	5	6
5	3			8	1			8	6	4	7	9

PUZZLE 47

	9	8		1	9	2			1	6	7	2
2	6	9	3	4	5	1	8		7	9	8	3
9	7		6	8			2	4			9	8
4	8			9	2	1		9	8	7	4	1
		8	6		9	8			9	2	3	
	8	9	4			6	1	2		8	5	
	6	4		1	2	7	8	9		9	6	
	9	7		5	8	9			4	1	2	
	5	2	9			4	1		1	3		
9	3	1	2	4		5	9	1			1	6
2	1			8	7			6	1		2	9
7	2	1	3		1	5	8	9	6	2	4	3
8	7	6	9			1	2	8		1	8	

PUZZLE 48

	8	5			2	5		1	3	2		
8	9	7		9	3	1		5	9	8	4	
3	1	2	9	8			9	4			8	1
9	7		1	2	8	9	3		4	1	3	2
		1	6		1	8			9	2		
	1	4	8	2		2	5			9	3	1
1	7			9	6		3	2			9	6
7	9	1			5	6		6	8	9	1	
		7	2			2	8		5	7		
2	1	9	8		9	1	6	2	4		1	2
9	7			9	8			1	2	7	8	9
	5	7	9	3		8	7	9		1	2	8
		3	5	1		9	1			2	9	

PUZZLE 49

	4	8			5	2		7	9		6	2	
	2	1	4		7	5	6	1	3		4	1	2
	1	3	6	2	4		8	2	5			3	1
			5	1	3	4			1	7	2	9	8
		2	9			9	1		6	9	5		
	7	3		4	9		5	1		8	1	6	
	8	5		2	4	5		9	3	1		8	5
		1	8	9		3	8		8	2		9	7
			1	6	8		9	5			3	5	
	2	1	7	8	9			1	3	8	9		
	8	2			2	8	7		1	4	8	9	2
	9	8	4		1	2	5	3	9		2	4	1
		9	2		3	9		1	8			8	4

PUZZLE 50

		4	9	8			9	4		2	9	8	
	4	2	5	3	1		3	1		1	7	3	9
	2	1			3	5	4	2	1	7		7	2
	9	7	1		8	1		9	3			2	1
			9	3	2		9	8	2		1	9	8
	9	8	2	1		5	7		9	7	6		
	7	1		7	9	4		8	6	9		9	4
			7	8	6		1	4		4	9	2	1
	1	3	6		3	1	8		7	1	8		
	8	4			8	4		1	8		1	2	8
	9	5		1	4	3	2	8	9			1	4
	2	1	3	9		9	5		1	4	2	3	9
		2	1	7		8	1			8	1	5	

PUZZLE 51

		4	1		8	9	6				1	2	7
	6	8	4	3	1	7	2	9		1	4	7	9
	2	9		5	2			7	9	6	8		
		5	9	2		3	9	2	8		2	3	1
	7	2	6	1		1	8		3	9		8	9
	4	1					2	6	1	3	5		
		6	1		8	2		9	2		6	4	
			8	1	7	5	9					1	8
	2	6		6	9		2	3		1	2	3	5
	7	9	1		6	9	5	8		2	8	9	
			9	8	4	2			1	3		6	2
	9	8	4	1		1	2	3	4	6	7	8	5
	7	1	2				8	1	9		1	5	

PUZZLE 52

	1	2	4			9	6		1	6		7	1
	5	3	9		9	7	1	2	4	5	8	6	3
		1	5	8	3	2		1	2	4	6		
			1	6			5	3	9			5	6
	7	9		9	7		8	9		1	7	8	9
	2	8		4	3	1	2		1	7	8	9	
	1	3	9		9	8	6	1	3		1	6	8
		1	2	4	8		9	6	8	7		3	9
	1	2	4	8		7	1		2	1		1	6
	4	6			7	9	4			6	9		
			6	7	9	5		6	7	2	8	9	
	1	2	3	6	4	8	7	9	5		1	7	4
	3	9		2	8		3	5			7	8	9

PUZZLE 53

	2	3	1				2	3			5	1	8
	7	9	3	1		8	4	1	3	6	2	7	9
			8	6	9	3		2	1	4			
	2	3		8	7		2	8	9			6	1
	9	5	8				3	9		1	2	5	3
			4	3		1	4		1	5	9	8	2
	8	3		1	5	7	8	6	4	3		9	4
	7	1	2	9	8		9	1		4	6		
	9	6	7	8		6	7				7	3	1
	5	2			9	7	1		8	1		9	3
				9	3	4		9	4	2	1		
	6	3	7	5	1	2	9	8		8	9	3	1
	1	2	9			1	3				8	6	3

PUZZLE 54

	9	3			1	3		4	1			7	2
	3	1		1	3	4	6	9	5	7		3	1
		9	2	4		1	7			3	7	8	9
			7	9	3			7	8	1	2	9	
	5	8			5	4		1	6			2	9
	9	7	2	3		2	1		1	4		1	6
			5	1		9	7	5		7	2		
	9	1		7	6		9	1		9	4	1	3
	7	2			9	8		4	5			7	8
		9	8	7	1	3			9	5	7		
	9	8	2	1			1	2		1	3	9	
	2	7		9	5	7	3	1	8	4		1	4
	1	6			8	9		7	6			3	8

PUZZLE 55

8	7	5		9	2	8				9	8	2
9	3	2		6	1	3			9	2	7	1
2	4		9	8	7		9	1	5		9	6
	1	3	7	4			3	2	7	1	5	
	6	8		5	9			9	8	2		
1	9		5	3	6	7	9	8		8	1	
7	8	9	2		1	2	8		4	9	2	1
	2	5		1	2	4	6	9	8		6	8
		8	6	9			5	8		1	3	
	1	7	4	8	5			2	1	9	4	
1	8		9	7	6		2	1	3		5	2
2	4	1	8			2	1	4		2	7	9
8	9	6				3	5	7		1	8	7

PUZZLE 56

2	6		7	8	1	2	9		8	5		
9	8	5	6	4	2	3	7		9	7	2	
	9	3				1	2	9			5	2
6	1		1	4	8	9		3	2	8	4	1
9	7	6	2	3	1	4			5	9	8	7
8	3	1		1	2	8		3	1	6		
7	2		4	5				5	4		8	3
		7	1	2		5	6	1		9	7	2
7	8	9	5			9	8	4	7	2	3	1
1	3	8	2	4		7	9	2	1		9	4
2	9			8	2	1				9	2	
	1	9	8		7	6	4	5	8	3	1	9
		2	1		9	3	8	2	6		4	8

PUZZLE 57

		7	9	3	8		1	2			2	9
	9	3	8	2	7	1	5	6	4		4	6
8	3			8	9	7		3	1	2	5	4
7	1		2	1	3		4	1		1	9	8
		2	1			3	7			3	8	
		6	4	3	1	8	9	7	2		1	9
9	2		9	8	4		6	1	3		3	8
7	1		6	2	3	1	8	4	5	7		
	9	2			9	6			1	8		
8	7	1		1	5		7	8	9		3	8
9	8	6	1	4		7	8	9			1	4
1	4		6	8	7	1	2	3	4	5	9	
2	6			3	1		1	2	8	9		

PUZZLE 58

5	6				9	8				9	6	2
2	8		2	8	7	1		8	9	3	2	1
3	7	5	6	9	8		2	5	7		8	3
1	2	9		2	1	3	6				9	4
7	9		1	3	2	9		8	4	9	7	
		8	2				6	2	1	8	3	9
2	7	1		1	4		9	4		7	1	2
8	9	3	1	4	6				4	2		
	8	6	3	9		2	8	6	9		4	8
5	2				3	6	9	8		1	2	4
8	1		2	1	9		2	1	6	5	8	9
9	4	2	1	3		9	4	2	8		1	6
7	3	1				6	1				3	7

PUZZLE 59

3	1	2	8				2	8		6	1	
7	8	6	9			1	5	4	8	7	6	3
		1	7		1	5		7	9		9	2
	9	3		2	7	9		1	2	9		
4	6		1	3			1	2	3	4	9	
2	4	1	8	9		7	4	9			2	8
9	8	7			7	9	2			4	1	2
1	3			7	9	1		6	4	8	7	9
	1	7	9	8	6			5	8		4	7
		1	7	9		9	7	4		6	3	
8	9		4	6		3	2		4	8		
2	1	9	8	5	7	4			1	5	3	2
	2	3		4	6				2	9	8	7

PUZZLE 60

	4	3		1	2		8	2			6	9
5	6	9	1	3	7		6	1		9	3	7
1	8		2	9			9	7	5	8	2	6
8	9	1	7			5	1		2	3	1	5
		8	9	1	4	3		7	4		4	8
2	5			5	7	8	9	6	1	4		
7	9	3			2	6	8			1	9	7
		9	8	7	1	2	5	4			3	1
8	4		6	1		1	7	6	2	8		
5	1	3	2		6	7			3	4	7	9
6	2	8	9	5	7			3	1		6	8
7	3	9		1	4		3	1	4	5	2	6
9	5			2	9		9	4		2	3	

PUZZLE 61

7	9		4	8		1	7		5	2	9	8
1	8	5	9	3		5	9	2	3	4	8	6
	5	3		5	7		8	1			4	1
9	6				9	3	1			7	1	
2	1	8	9			9	3	1		3	2	1
		2	6		2	5		9	1		5	8
		3	8		1	7	2		8	4		
2	8		1	6		8	3		6	3		
6	9	8		1	9	2			5	1	9	2
	7	1			6	1	3				8	1
9	5			9	5		8	2		9	7	
7	3	8	9	2	1	5		7	5	3	1	2
2	1	3	8		7	9		9	8		3	9

PUZZLE 62

5	7	9	8		9	8	7	3	6		4	8
1	2	7	3		6	4	3	1	5	8	7	9
		8	2	1					3	4	1	2
			6	2			4	1	7		2	7
1	7		7	3		4	8	7	9	1		
3	6	2	9	8	5	1			8	3		
9	8	1		9	6	2	1	3		9	1	2
		3	7			5	2	1	3	8	9	7
		4	9	8	7	3		2	1		3	1
1	2		8	2	1			8	4			
8	9	6	4					9	8	2		
3	4	2	1	6	8	5	9		7	3	8	9
2	8		2	1	3	4	6		2	1	3	5

PUZZLE 63

	7	8			8	2	9			9	5	
	1	3	6		4	1	3	8		2	4	9
3	8		9	1	7			9	5	1	3	6
7	9			6	9	8	1		9	8	7	
		5	2			9	8	1	2		2	1
1	6	9	8		9	3		8	4		9	3
6	9	8			7	2	9			9	8	7
2	7		4	8		1	8		9	3	6	2
4	8		1	5	9	7			4	1		
	1	4	2		5	6	9	7			7	2
1	2	7	3	5			7	1	9		9	4
9	4	8		1	2	6	3		8	3	1	
	5	9			3	7	1			9	3	

PUZZLE 64

2	1	3	9				4	9	8		1	5
4	2	7	5	1	3		3	7	6	5	8	9
1	3	9		2	4	1	8			1	6	8
3	7		9	6	8	3		8	2		2	7
5	8		7	3	5			4	1	2	9	
8	9				9	4			9	6		
	4	9			1	2	4			7	8	
		5	3			9	2				4	6
	9	2	1	4			8	2	3		6	3
6	1		5	8		9	6	3	1		3	5
8	7	1			9	2	5	1		9	7	8
9	8	6	2	3	1		9	8	4	3	1	2
7	2		8	9	6				9	8	5	7

PUZZLE 65

	7	9	2		4	9			9	8	4	2
9	5	8	3	7	2	1		4	3	7	2	1
4	3	7		9	3		9	2			8	9
	1	4			1	7	2			3	6	
			7	1		9	7	1		6	9	
	2	9	8	7	3	1		2	3		5	7
5	1	3	2		9	2	1		9	8	1	3
8	7		9	5		8	9	5	7	6	3	
	9	7		2	1	5		1	8			
	6	3			9	4	2			7	2	
1	3			2	7		6	1		9	7	2
7	5	6	8	9		7	9	2	5	8	3	1
9	4	2	1			1	8		4	6	1	

PUZZLE 66

1	3	9			1	5				3	1	7
2	1	3	4		7	6			1	8	6	9
3	7	8	9	6		7	6	2	4	9	8	
5	2		8	1		8	9	3		7	3	
		8	7			2	3	1		5	7	2
	4	9		8	3	9	7		7	4	2	1
4	5		9	5	1		5	7	1		4	6
9	7	6	5		4	7	8	9		5	9	
3	1	4		4	7	8			9	1		
	8	3		2	5	9		9	3		3	8
	9	8	7	1	2	3		7	1	2	4	6
6	3	2	1			2	9		5	8	7	9
9	2	1				1	8			1	2	7

PUZZLE 67

	1	3	4	2			9	5		9	2	6
1	3	8	9	4	2		1	9		2	1	4
8	9			9	1	2		2	8		3	7
3	8	7	9		8	6		8	9		4	8
2	6	1	8	9				1	2	5	7	9
			2	8		1	8			6	9	
		8	1	2	7	3	6	4	5	9		
	9	1			9	8		2	9			
9	5	6	2	1				1	2	3	4	7
7	4		9	4		5	9		1	2	3	8
6	2		8	2		1	3	9			1	2
8	6	9		8	1		1	2	6	7	8	9
5	1	7		9	7			1	4	2	9	

PUZZLE 68

9	2			9	6			7	1		7	5
2	1		9	3	1	2		6	4	7	2	1
	9	1	8			4	8			9	3	2
	8	3				1	7	8	2		5	9
		8	1		1	3	6	9	8		6	4
	8	9	6	1	2		3	7			4	7
9	7			4	7		2	6			9	8
8	9			2	5		1	2	6	9	8	
3	1		1	8	6	2	9		1	8		
7	5		4	9	8	7				1	3	
5	3	9			9	3			3	2	1	
4	2	6	5	9		1	5	9	8		9	6
6	4		3	1			2	1			7	2

PUZZLE 69

	1	5		5	1			3	7		7	2
4	7	9	1	8	6		3	1	8		9	5
7	9	8	6			9	1	2		9	4	
	2	6			2	3			4	7		
	3	7		1	3			1	8		7	5
1	4		1	4		2	4	8	9	5	6	3
5	8	7	9		2	1	8		3	1	4	2
4	5	2	6	1	7	9		7	1		5	1
2	6		2	5			9	5		4	2	
		9	3			8	2			3	8	
	5	3		1	2	7			4	2	1	3
6	2		1	3	9		2	4	9	1	3	5
3	4		4	8			8	9		6	9	

PUZZLE 70

	3	8			7	9			2	6	4	1
	7	9		2	1	4	9		8	9	7	5
	1	2	4	9		1	3	9		8	2	
1	2	3	9		1	8		5	1		6	1
5	8		2	1	9			6	9		9	7
		1	7	3		3	5	1	2	9	8	
	2	9		2	1	9	8	4		6	1	
	1	5	2	7	3	8		2	1	8		
2	9		9	8			1	8	7		3	4
1	7		3	5		4	7		9	4	2	1
	5	8		9	1	3		2	8	3	1	
7	8	9	6		4	8	2	1		7	5	
2	3	7	1			9	6			9	7	

PUZZLE 71

7	2	1		8	2		2	9		7	2	1
9	8	2		4	6	8	1	7		9	6	8
		9	3	1		9	3		4	5	1	
1	7		6	5	2		7	5	2		9	5
2	3	1	8	6	5	4		3	1		7	1
5	8	4		2	4	1			7	1		
3	9	2		7	1		3	9		8	7	2
		8	3			4	1	5		9	8	3
8	3		9	5		3	7	8	9	2	6	1
4	1		7	9	5		2	7	8		9	4
	9	7	1		6	8		6	1	8		
9	8	3		6	1	4	7	2		3	5	9
2	7	1		9	8		3	1		1	2	4

PUZZLE 72

	1	6						8	1		4	9
9	3	8		1	2	6	7	9	8	4	3	5
5	2		7	3	6	5	9			2	1	
8	5		9	4		1	8				5	1
	9	3		5	1			1	2	6	9	7
9	6	1	8		3	1	2	7	8	9		
7	4		1	2	7	3	5	8	9		9	1
		1	2	3	9	7	8		1	9	8	6
7	9	6	4	8			1	3		4	1	
1	7				4	1		6	2		6	8
	6	5			9	7	5	8	1		4	9
6	8	1	4	7	5	2	3	9		1	3	2
2	4		3	2						3	2	

PUZZLE 73

6	4	9	7	8			8	1			9	8
2	1	6	4	5	3		9	4	2	6	3	1
9	2		6	9	2	4	3		8	9		
		2	9		8	5		4	5	2	1	
	6	1		1	9	6		9	7	8	3	
5	4		9	7		9	1	3			9	3
2	9		2	3	9	8	4	7	1		6	1
3	5			2	1	7		8	3		7	2
	1	3	2	8		3	9	1		3	5	
	7	6	8	9		1	7		9	8		
		5	9		1	2	4	9	7		8	1
2	7	1	3	4	9		1	3	2	7	9	8
7	6			2	7			2	1	3	6	4

PUZZLE 74

		2	8	1			8	9	6		8	3
4	1	5	9	7	8		7	5	3	9	6	1
9	2				1	4	3	7		3	1	2
	7	4			3	8		8	9		9	4
	6	8	1	5			7	2	3	1		
2	5		3	9		7	9	1		3	9	
6	8	1	9		7	9	2		9	2	8	6
	9	2		1	4	2		9	3		4	2
		6	7	2	9			4	1	9	7	
2	7		9	4		2	9			4	6	
1	2	3		9	7	1	3				1	5
3	8	9	5	7	1		1	5	7	9	2	8
5	9		9	8	2			2	6	5		

PUZZLE 75

9	8		1	4			7	9		7	5	
2	6	9	7	8		3	6	7	9	5	1	2
	3	8			7	9		1	8		6	1
1	4	5	9	8	3	7	6		3	9		
5	9		5	1			7	9		8	2	
2	5		7	6	2	1		8	7	2	1	
3	7		8	7	9	5	2	1	6		3	8
	1	3	6	2		9	7	3	8		7	6
	2	8		9	5			2	4		5	1
		9	6		1	8	4	7	9	2	6	5
9	2		5	4		9	8			4	9	
4	1	2	9	8	7	3		6	3	1	4	2
	7	1		9	5			9	5		8	5

PUZZLE 76

9	7	2	1		7	4			2	1	3	6
4	5	3	2	1	9	8		1	9	7	4	8
	9	8	3	2			4	8			2	5
		9	7	4		4	9				1	4
1	8		9	5	6	2			1	2	5	7
8	9				7	5		2	3	1	7	9
	6	9		4	9	7	6	8		9	6	
8	5	1	3	2		9	2				8	1
9	7	5	8			8	1	7	9		9	7
5	4				2	6		3	8	9		
7	3			9	8			2	3	8	9	
3	2	6	4	1		9	8	1	2	3	4	7
6	1	9	8			8	1		1	2	8	9

PUZZLE 77

1	3				1	8		6	5	8	9	
6	8	1	3	2	7	9		2	3	6	8	9
8	9	6	7	4			2	1		1	2	3
2	1					1	6	8	9		1	8
	6	9	8		3	9		4	2			
	7	8	2		1	2	8	9		7	5	8
3	5	2	1	9	8		1	5	3	2	4	7
9	2	1		8	2	9	7		9	4	8	
			1	4		8	2		8	1	6	
3	1		8	6	9	2					2	8
9	2	1		7	2			4	5	3	1	2
5	4	3	2	1		2	1	8	9	7	3	4
	9	8	7	2		9	2				7	9

PUZZLE 78

3	1	9	7			1	6		7	2	5	
6	2	7	8	9		6	8		4	1	3	2
	3	8	6	7	9		5	9		8	9	6
3	4			2	5		1	3	9	7	8	
9	8	1		1	7			1	2	4	7	9
	9	4	6		8	9			1	3	6	2
		5	7		1	8	9		6	5		
7	4	8	9			1	8		8	6	1	
1	3	6	8	9			2	5		9	3	1
	2	3	4	8	9		1	8			7	3
4	1	2		1	3		4	7	9	6	8	
8	5	9	7		4	7		4	6	7	9	8
	6	7	1		1	4			1	2	6	4

PUZZLE 79

1	9		2	3	1	5			6	9		
4	6	7	9	1	2	8		8	3	5	1	2
3	8	9		8	4		2	6			2	8
2	5		4	2		1	8			1	3	9
	1	9	3			2	9		1	2	8	
		8	1	6	7	9			2	4	7	6
7	2			1	2	8	9	6			9	4
4	1	2	5			6	4	1	9	8		
	6	1	7		9	5			7	1	9	
2	7	9			7	4		8	1		1	6
1	3			4	1		2	7		4	5	8
8	9	7	3	6		8	3	9	6	1	2	7
		8	4			3	1	4	2		6	9

PUZZLE 80

1	6		9	2			4	1			7	5
8	9	6	3	1		8	7	2	1	5	9	3
	5	2		9	3	1			2	9		
6	1		9	8	6	2	1			4	8	9
8	2		8	4		3	9		9	3	1	7
9	8	6	2		8	5		9	2	1		
	3	8		4	3		4	7		7	8	
		9	6	8		3	1		6	2	9	8
8	9	7	1		9	5		9	3		7	2
1	7	3			3	4	2	6	1		5	1
		2	9			1	3	7		9	3	
4	8	1	2	7	9	6		5	9	4	1	6
2	6			2	6			1	8		2	9

PUZZLE 81

5	8		2	9			9	2			2	7
7	9		4	5	6	9	2	1		1	7	9
	3	1	9		1	7			1	3		
8	6	5	7	9		1	6		8	9	1	
3	1	2		1	8		9	7	2		7	9
4	2		1	3	5	9	8	2		7	9	5
		5	3		3	1	7		1	9		
2	7	9		3	1	2	5	8	7		9	2
6	9		1	9	2		4	7		9	8	5
	1	8	9		9	3		9	7	3	2	1
		2	7			1	4		9	1	7	
3	1	9		9	8	4	2	6	1		3	8
8	6			6	1			9	3		1	5

PUZZLE 82

	9	3			3	4	2	1			7	5
	6	1	5	4	8	9	7	2	3		8	6
7	3		9	6				3	4	2	1	
3	1	6		9	4			5	9	1	4	
9	2	8	1		3	8	1		8	9	3	1
		9	8	1	2	6	4	3			9	8
	9	4		6	7		9	8		3	2	
8	6			4	8	2	7	5	3	1		
7	8	9	4		9	6	8		9	7	1	2
	1	3	2	8			3	1		9	2	4
	7	8	5	9				2	9		7	5
7	3		1	7	8	9	2	4	6	3	5	
4	2			5	2	3	1			7	6	

PUZZLE 83

1	3			6	1	2		5	9		9	4
5	9	1	2	8	6	7		1	4	9	8	3
		3	9				1	8		3	2	1
2	8	9	7			4	2	9			7	2
1	7	2			9	3			3	8		
5	9	7		9	3	1			1	5	6	
4	3		8	6	1	2	3	7	9		5	9
	6	8	2			6	1	8		9	4	7
		3	1			8	9			3	1	5
2	9			1	6	9			9	5	2	8
1	2	3		4	8				7	6		
3	7	9	6	2		5	8	6	2	1	7	9
5	8		7	9		1	9	7			2	1

PUZZLE 84

5	9		2	9	8				8	2	9	
1	8		1	2	4	7		9	3	1	2	5
	1	3	8			1	9	3			3	8
1	2	8		1	2		2	1	9	8		
5	3		9	6	7	8			3	1	8	9
		9	2			2	8	1			3	5
2	3	8	1	4	6		9	3	5	4	1	6
1	9			8	9	1			9	7		
9	8	1	2			6	5	9	8		4	6
		6	9	8	7		2	8		8	3	1
3	5			9	1	8			7	3	1	
8	9	5	7	1		6	4	2	1		9	7
	8	2	1				8	9	2		8	6

PUZZLE 85

	1	4		9	1	8		8	2	7	9	
1	2	8		8	2	5		3	1	2	4	6
7	8	9	1		8	9	6	1			1	8
2	9		8	4		7	2		9	7	3	1
		1	9	7	8	2		9	1	2		
1	2	4		9	7	1		8	2		1	3
3	1	8		6	1		9	2		2	4	9
9	3		9	2		2	6	1		3	2	1
		9	2	1		7	8	3	2	9		
8	9	7	1		9	6		4	9		9	3
9	2			9	5	3	7		1	9	8	6
3	1	9	8	2		1	2	5		6	2	1
	3	2	5	1		5	6	8		8	1	

PUZZLE 86

	6	2		4	8	1				1	7	
2	7	1		9	7	2	1		1	7	9	5
6	9	8			9	8	6	1	2	4	5	3
	8	3	2	9		9	8	2	4			
		4	1	2	7			3	9		1	4
	1	5	8		9	5	7	8		4	3	9
1	3	7	9		6	1	5		7	5	9	8
2	7	9		6	8	7	9		9	6	8	
6	9		8	4			8	7	2	1		
			3	2	8	9		9	8	7	3	
3	8	7	2	1	4	5	6			2	1	4
2	9	8	1		1	2	8	9		8	4	9
	4	1				1	2	7		9	2	

PUZZLE 87

			7	2		1	7		1	7		
2	1	3	8	5	7	4	6		6	9	4	7
8	2	9			9	2		6	5		1	3
		2	4			8	2	9		3	2	9
	7	5	9	6	1		1	7	9	5	6	8
	2	1		4	2	1	3	5	8		3	6
		7	1		4	2	7		7	1		
8	4		2	1	5	9	8	7		8	6	
5	1	7	8	4	9		9	1	8	4	2	
7	3	9		3	8	9			1	3		
9	5		1	8		4	9			2	1	5
6	2	8	9		2	1	4	6	8	5	7	9
		1	6		9	2		4	9			

PUZZLE 88

5	8				2	1	8	3		6	9	5
3	9	8		5	8	6	9	4	2	7	3	1
1	4	6	2	3			7	2	1		7	9
2	7	9	8	6		8	2	1			8	7
	3	1			9	6		5	6	8		
1	5	7		7	3	5	9		2	3		
9	6			1	2	3	8	9			2	4
		8	6		1	4	6	2		2	1	6
		3	1	9		2	1			3	6	
5	9			8	9	1		9	8	6	7	5
2	8		9	2	7			4	6	1	3	2
4	7	9	2	1	3	5	6	8		8	9	3
1	2	8		4	8	7	9				8	1

PUZZLE 89

6	8			1	2			9	1	2		
3	9			3	8		9	8	5	1	2	6
4	7		4	7	9		6	2		9	7	8
2	3	9	1			7	1		9	8	3	7
5	6	8	2	9	4	1		9	3		1	5
	1	7		8	7	9	5	3	1		4	9
		1	8		9	2	1		2	9		
6	2		9	6	8	3	7	5		1	3	
5	1		7	1		6	2	1	5	4	8	9
7	3	2	1		9	8			1	2	4	3
9	6	8		9	3		8	9	2		2	8
8	5	7	3	2	1		2	8			1	2
		9	8	1			1	6			5	7

PUZZLE 90

	4	1				2	9		8	3	1	
	9	8	7	2		1	7	9	6	4	3	2
9	8	7	2	1	6		1	8		8	9	6
4	6			3	9			1	4		8	4
		8	3	4			1	3	8	2		
	1	9	4			3	5	4	7	1	9	2
1	7		2	1	4	5	8	6	9		8	1
5	6	4	1	8	7	9			5	2	1	
		8	7	6	9			1	6	9		
7	2		5	9			9	4			8	1
6	1	2		3	9		3	2	1	8	9	7
8	9	3	5	2	1	7		3	8	9	7	
	8	9	1		2	6				6	5	

PUZZLE 91

3	2	1			1	9	8	7		5	9	
9	8	2	1		3	5	2	4	7	1	8	9
	9	8	6	2		8	1	2	9		4	8
		9	8	5	3	2				7	2	1
9	8	7	3	1	2					9	3	2
7	9			9	7	3			9	3	1	
			3	4	1	2	8	5	6			
	1	3	9			1	7	2			8	9
2	3	9					9	8	7	3	1	2
1	2	8				1	5	4	3	2		
9	4		9	1	2	7		9	5	1	2	
8	7	6	5	3	1	4	2		9	8	1	2
	6	1		8	7	9	5			9	3	5

PUZZLE 92

	9	8	7	2				2	8	3	1	
9	8	7	3	1	2		3	7	9	8	5	6
3	7	2		9	1	2	8				2	8
	4	1			4	7	9		2	1	4	9
			4	8			1	4	5	2	3	
8	1	9	6	4	2	7		6	7		6	2
2	3	7	1		8	9	7		1	2	8	3
9	6		5	1		5	3	7	4	6	9	8
	2	1	7	6	9			2	9			
1	4	8	9		1	2	6			7	8	
8	9				2	9	8	1		2	9	4
9	7	6	5	3	8		9	7	8	3	2	1
	8	5	1	9				9	2	1	3	

PUZZLE 93

	5	8			9	8	7	5	3	6		
9	3	5		9	8	6	2	4	1	5	7	3
3	1			7	5	1		6	2		1	4
4	2		1	8	7	2		9	4	8		
	7	9	4				1	7		2	9	
9	8	5	2	1		3	9			1	7	
6	4		6	9	5	1	3	8	4		1	6
	9	2			1	9		1	3	5	4	2
	6	1		7	4				1	9	5	
		9	2	8		1	7	8	2		8	9
4	8		4	9		2	5	6			2	4
5	2	4	1	3	6	7	8	9		9	3	2
		6	3	5	7	8	9			2	6	

PUZZLE 94

1	7		8	2	9	7	1			3	2	
8	9	6	5	4	7	3	2	1		4	1	2
		9	2	1			9	8	4		9	3
9	8			9	6	8	4		9	2	6	1
2	1	9			2	9				9	7	4
		1	2	9		6	1				8	6
		4	5	8	9	7	6	2	3	1		
3	9				1	5		8	9	2		
4	7	9				3	8			9	1	3
2	6	4	9		6	2	4	1			6	8
6	8		6	3	1			9	8	1		
1	2	4		9	8	5	6	7	4	3	2	1
	1	2			9	4	2	8	1		9	8

PUZZLE 95

	8	7		2	3			3	1		5	7
3	2	8	4	6	5	1		8	6	5	1	4
9	5		1	5		6	2			9	2	
1	4	8	9		9	3	4	7			4	1
	3	5		7	2		1	8	2	4	9	7
9	7		5	6		2	9		4	8		
3	1		8	9	7	4	5	2	1		1	7
		8	6		5	1		1	3		3	9
7	2	1	9	5	6		2	7		1	4	
5	7			9	8	2	6		1	6	5	3
	4	8			9	3		6	8		7	1
8	1	4	6	7		1	2	4	6	5	8	9
7	6		1	4			4	9		6	9	

PUZZLE 96

6	9		8	2	1		8	9	6		4	2
1	2	8	9	7	3		2	8	1	9	7	5
	1	5	6	3		3	1	6		1	6	
		7	1		9	2			9	3		
5	3	6	2	8	4	1			4	2	9	7
7	4	1	3	6		6	9	4			6	1
	6	9		7	2		4	1		9	3	
9	2			9	5	1		3	9	8	2	4
3	1	8	7			9	3	2	8	7	1	6
		7	1			7	1		7	3		
	8	6		4	9	8		8	6	2	9	
5	1	3	9	2	8		6	2	4	1	5	9
8	6		3	1	2		9	1	5		8	1

PUZZLE 97

5	2			1	8			3	1	4	6	2
8	6	1	3	4	9		1	5	2	9	7	4
		4	7		1	3	2	8	9		9	3
	8	3		1	2	9	3				8	6
9	6		2	4			7	2	1		5	1
3	2	1	6			2	9	1	3			
	9	4		2	1	3	8	9		3	7	
			2	1	4	8			3	8	9	6
3	9		9	8	3			8	9		8	2
6	8				9	8	7	5		7	1	
4	6		8	7	6	9	5		8	1		
2	7	8	9	6	5		1	3	9	2	8	7
1	3	6	4	2			3	9			4	1

PUZZLE 98

3	8		1	8		4	8		4	3	9	
7	9		2	9		2	6		1	2	8	9
	1	7		1	8		5	7		1	7	8
		6	7		4	2		6	9		6	1
	9	2	4		7	8		1	4	9	2	
5	7	4	1	2	6	9	8		1	8		
9	2	1		7	9		4	1		1	3	9
		8	1		1	8	9	7	2	3	5	6
	1	9	7	3		9	7		1	2	9	
1	6		9	1		6	1		5	6		
8	7	1		9	8		6	2		7	1	
9	8	2	1		9	1		9	4		9	7
	9	7	8		5	2		7	1		8	5

PUZZLE 99

8	2		3	1	6		5	8		9	2	8
3	1		8	5	9	4	3	1		8	1	2
9	7	2			8	7	1		7	2		
		1	8	9	3			9	4		8	9
7	1		1	7		9	8	2	1		1	7
9	2		2	4	8	1	9		9	1	2	4
	4	1		1	6		3	9		3	5	
8	9	7	3		9	8	1	2	3		7	1
2	8		1	7	2	4		1	8		4	6
1	7		5	8			1	8	9	6		
		9	2		4	8	9			9	1	3
8	9	2		1	2	3	8	9	7		2	8
2	8	1		7	9		6	3	1		7	9

PUZZLE 100

9	3	5				7	9	2		2	9	8
3	1	2	7		9	6	7	3	5	1	8	2
			9	7	1	2	8		8	4		
5	4			1	2		2	5		9	6	1
7	9	8	1	2			4	7	1		7	2
	7	9	8	3		3	5	9	8		8	3
1	3	6			4	9	6			3	9	8
4	8		9	8	3	1		9	8	2	3	
7	2		6	7	1			8	3	1	2	4
9	6	2		9	2		9	2			1	7
		3	9		9	8	2	1	7			
6	7	5	4	3	8	2	1		1	8	6	9
2	5	1		9	7	1				2	1	4

PUZZLE 101

7	9			1	7	9		9	5		6	8
3	8	2		3	5	7	9	8	6		7	9
	2	1	3	6			3	2	1		5	3
		4	8	9	6				8	3	2	1
3	1	9		7	4	2	1	5		9	4	
9	2		1	5		8	9	7	3	2	1	
	5	2	9		2	7	4		9	8	3	
	4	1	2	6	8	9		9	7		9	7
	7	4		2	1	4	3	7		7	8	1
6	8	9	1				2	8	1	3		
1	3		9	8	6			2	5	1	3	
2	6		3	1	2	7	5	4		9	1	3
4	9		7	2		1	9	6			7	4

PUZZLE 102

9	3				8	6				7	9	8
6	1	4	5	2	3	9	7	8		1	7	9
	2	7	9	8		3	5	1	6		1	7
1	4				7	1	8		9	1	3	
8	9	2		7	4	8	9			8	6	
		6	8	9		4	6	2	1		2	1
6	7		2	8				8	2		5	4
2	4		1	2	9	8		9	8	7		
	6	3			6	2	3	1		1	9	7
	9	6	1		7	3	9				5	2
7	1		5	2	4	1		9	8	6	1	
8	3	2		9	8	7	1	5	4	2	3	6
9	8	6				9	8				4	9

PUZZLE 103

	6	9			1	8		4	1	3	2	
8	4	2	5	1	3	6		7	3	9	6	2
9	5	3	8	6	7			9	2		1	6
7	3	1	2				9	8	4		3	8
4	2		7	2		8	1			1	8	9
6	1		9	5		1	2	8		6	9	
		1	4	7	3	6	5	9	8	2		
	2	7		9	1	2		1	7		1	7
4	1	9			6	9		7	9		2	5
9	6		6	1	9				1	2	7	8
8	5		7	2			1	3	2	4	5	6
2	4	1	8	3		1	2	6	3	7	8	9
	8	7	9	6		3	9			6	9	

PUZZLE 104

3	6		7	9			3	9			5	1
4	8	9	3	2	5	1	7	6			8	2
1	3	7			7	4		8	5	1	7	4
		8	1	9	6				8	7	9	5
3	7		2	7		9	7	6	2			
1	2			1	9	7	8	5	4	2		
5	9	8			8	2	1			9	2	1
		3	9	2	7	5	4	1			1	9
			5	1	4	3		2	4		4	8
4	3	2	1				5	3	8	7		
9	5	4	6	1		6	3			9	1	2
5	1			9	3	4	1	5	7	8	2	6
8	2			7	2			2	3		3	7

PUZZLE 105

	9	6	8	7			3	7			3	1
9	2	3	7	5		3	8	9	2	5	1	6
1	4		9	8	6	7			7	6	9	8
		4	3	6	1	2	9		6	3		
	2	9		9	4		7	3		1	6	
	1	2	9		2	8		1	9	2	8	5
5	9		4	7	3	9	8	5	6		9	1
1	6	2	7	9		1	6		2	4	1	
	7	1		1	4		9	6		1	2	
		7	5		6	9	7	1	8	5		
2	1	6	3			1	3	2	4		1	6
6	5	9	7	3	1	8		3	7	1	2	4
9	4			8	6			4	9	2	8	

PUZZLE 106

	9	5		3	9			9	2		6	1
9	7	3	4	1	5		4	2	1	5	9	8
7	4		8	6		5	2		8	2		
8	2			8	4	3		2	9	8	7	
1	3	4		7	1		9	5		9	2	8
	1	2				9	3		9	7	1	2
		3	8		9	7	1		2	6		
2	8	1	5		7	2				3	1	
9	6	7		1	3		2	5		1	2	3
	9	8	3	7		3	7	9			5	2
		5	1		1	5		3	8		4	1
1	8	9	6	4	7		2	1	6	5	8	9
3	9		7	2			9	4		1	3	

PUZZLE 107

8	3			1	7		1	8			9	7
1	2	5		2	9	1	3	5		9	8	2
	1	2	4	8		9	5		9	7	5	
9	5		1	6		8	2		8	4	1	
1	7			9	3		9	8	5	3	4	1
6	4	8	5		7	2		9	7		3	2
		2	1	4	9	7	8	5	3	6		
8	2		7	9		9	2		2	9	1	3
4	1	2	6	7	9		9	3			2	8
	3	1	8		8	4		4	5		7	9
	4	8	9		6	9		1	3	7	9	
7	8	9		4	1	3	5	9		2	8	1
1	9			9	3		1	8			4	3

PUZZLE 108

6	2	4	1				7	9		5	6	
8	3	7	9	1	4		3	8	9	2	1	
9	7		7	4	9			1	7		4	7
3	1	9				9	8	4	5	2	3	1
		3	9			8	1		8	9	2	
9	8	1	2		4	1		5	4		8	9
2	7			8	6		5	7			5	1
1	6		7	1		9	7		2	3	7	4
	3	1	8		9	2			1	6		
5	4	2	9	8	3	1				5	4	2
9	5		2	7			3	9	7		9	6
	2	9	1	3	5		6	2	9	7	5	1
	1	6		9	8				4	2	1	3

PUZZLE 109

	1	4		4	1		6	1	7		2	6	
	6	8		3	2	1	8	7	9		3	8	4
		5	1		4	2	9	8				9	7
	3	9	4		9	4			9	8	3	4	
	4	6				7	9		8	2	1		
		7	8	5	9		8	2	1				
			5	2	8	9	7	6	3	4	1		
					7	2	1		2	9	7	1	
			9	8	2		5	1				7	1
		9	4	2	1			6	2		7	9	2
	7	5				1	2	8	7		2	8	
	1	3	9		6	4	7	9	8	1		6	7
		1	4		7	3	5		9	4		4	2

PUZZLE 110

			1	2	4		5	1		1	7	5	
	4	1	3	7	9	2	8	6		2	9	6	1
	9	7	5			1	4	3	8	9		8	2
	8	3	2		1	5			1	8	5	7	9
			9	7	6	8	1	3		7	2	9	
	8	2		1	4		8	9				4	9
	4	1		6	9	8		1	9	7		3	8
	9	5				6	8		3	1		1	4
		4	5	2		3	7	4	1	2	5		
	1	7	9	4	8			8	2		1	2	3
	7	9		1	3	7	9	2			3	8	9
	3	8	6	9		3	2	1	7	5	4	6	8
		6	2	8		1	6		4	1	2		

PUZZLE 111

			9	1			3	5		1	6		
		9	8	7	1		1	7	5	6	8	3	4
	9	2	5		9	5		6	9		7	2	1
	8	4	7		3	4	9				5	1	
	6	1			2	3	7		4	1	9	6	3
			9	4		1	2	3	7	9		4	2
			5	1		2	6	8		7	1		
	5	1		2	1	6	8	9		8	5		
	3	2	1	9	8		4	7	3			9	6
		9	4				1	5	2		9	8	5
	9	8	3		5	3		6	8		8	7	1
	6	4	2	1	8	9	7		7	3	2	1	
			6	8		4	1			9	3		

PUZZLE 112

	4	1		4	8	9		8	1			9	1
	7	2		1	2	8		5	2		9	7	5
	8	3				1	3	7	9		8	1	
	9	8	1	2		3	7	9		4	1		
			8	9	7			2	4	1	3	9	8
		9	2	4	1	6	8		9	3		8	2
	9	3				1	7	9				7	1
	8	2		3	9		1	2	9	5	4	3	
	3	1	4	5	7	2			3	2	1		
			1	9		9	5	1		9	8	1	3
		1	7		9	8	1	3				4	2
	4	8	9		2	7		8	1	2		2	1
	1	9			1	6		9	3	6		8	5

PUZZLE 113

	3	5	2	1	7			4	8		1	9	
	7	6	1	5	9	4		1	2	7	3	4	5
			6	7		6	5	9		8	2	6	7
		6	3			5	1	7	9		9	8	
	2	8		9	8	3		2	3		4	7	
	7	9		8	2	1				1	5		
		1	9	6	4	2		8	7	9	6	1	
			8	1				6	2	8		9	3
		8	2		3	7		7	1	6		6	2
		9	7		1	4	9	2			1	8	
	5	6	3	7		2	7	1		9	6		
	8	4	1	2	7	6		9	3	8	7	2	1
		7	5		1	9			1	7	9	8	2

PUZZLE 114

		1	3	8	9		9	2			7	2	
	6	2	4	7	8	9	3	1	5		8	3	
	8	3			5	7		4	8		9	6	
		9	3	1			1	7		5	2	1	3
			9	8	2	1	3		6	3		5	9
	4	2		7	8	3	2	1	9		1	4	
	5	4	7			9	8	2			4	8	5
		5	9		4	5	7	3	2	1		9	4
	2	3		4	1		9	8	6	3	1		
	6	9	8	1		2	4			9	8	3	
		6	1		4	1		2	1			9	6
		8	2		9	8	6	7	5	3	4	2	1
		1	3			9	1		9	8	6	1	

PUZZLE 115

9	3		4	3		1	6				5	1
8	2		9	7	1	2	8		1	2	8	9
3	1			9	2	4			2	8	9	
	9	5			8	9	7	1	4		1	6
	7	2	1				6	8	9		2	9
9	8	3	7	1		2	9		3	9		
5	6	1		3	9	5	8	7		2	3	1
		9	3		6	1		1	9	3	8	7
8	2		9	7	3				2	1	7	
9	3		6	3	1	9	8			4	9	
	8	9	2			3	2	9			4	9
8	9	7	1		3	2	1	7	9		2	8
6	1				6	1		4	1		1	5

PUZZLE 116

6	3	9	8	7				5	1			
5	2	7	9	1	4	6		9	2	6	1	
2	1	4		2	9	8	1		3	9	5	
7	4		7	4			7	1	9		2	6
8	5	1	9		1	2	9	3		1	7	9
9	7	4			3	8		7	1	2	9	
		9	2	7	8		7	9	8	4		
	4	8	6	9		9	6			9	5	8
4	1	3		4	7	2	1		9	8	4	7
9	2		6	8	9			6	1		6	9
	8	2	1		3	6	2	9		4	1	2
	9	8	2	4		4	1	8	5	9	3	6
			4	8				3	1	8	2	5

PUZZLE 117

7	3		1	2	7	9				3	5	
9	8		9	4	8	7	1		1	7	9	6
8	7	9			6	3	2	1	5		7	2
2	1	6	9	7			4	9		1	4	
		1	4	3		9	3	8		9	8	
	9	2			6	3		2	9		3	1
3	1		1	5	4		6	4	5		2	8
7	4		9	2		2	4			9	1	
	7	5		1	2	8		9	5	6		
	6	4		9	1			2	1	4	9	8
9	5		4	8	9	2	1			2	4	1
7	8	6	9		8	9	5	2	7		3	2
	3	2				8	9	1	2		8	3

PUZZLE 118

1	6	8			8	4	9	7		1	2	3
3	9	7		3	1	2	4	6		2	7	6
	1	3	4	7			8	4		3	9	
		1	9		5	1		1	2	6	8	9
	2	9			7	3		2	9		3	7
3	8		2	8		9	2			3	4	
6	7	8	1	4	2		8	4	2	7	5	3
	6	2			3	4		3	7		6	9
8	9		1	9		8	3			7	1	
4	1	2	5	8		9	7		7	4		
	4	6		5	9			9	5	1	2	
1	3	8		2	4	8	9	1		9	4	7
7	5	9		1	2	3	5			8	1	3

PUZZLE 119

	5	9		5	1	2				1	7	
5	4	7	1	6	3	9		1	2	8	9	
3	1	4	2	9			1	2	7	6	8	9
9	3			7	5		2	7			1	2
8	2			3	7		4	8	5		2	8
	8	1			4	5		9	2	1		
	9	7	1		3	1	8		9	7	1	
		9	7	1		7	9			9	4	
6	8		9	3	1		1	8			8	1
7	9			6	2		5	9			9	3
1	2	3	7	9	8			1	4	7	6	2
	1	2	4	8		4	1	2	8	9	7	6
	4	9				8	6	3		1	5	

PUZZLE 120

	5	1		1	3	9	2			3	7	
8	9	4		9	6	8	7			8	9	
1	8	3	9		1	7		7	6	1	2	4
	7	5	8	9	2		8	2	1		1	9
	3	2	7	8		6	3	1			5	7
9	2		1	6	5	8		5	3	1		
8	1	6	2	7	9		9	8	6	7	2	1
		1	3	5		3	2	6	1		5	9
5	3			3	1	9		9	8	2	1	
8	4		9	4	8		7	4	2	1	3	
9	7	6	3	1		3	9		9	3	7	1
	9	2			2	1	6	3		5	8	9
	2	1			8	4	5	9		4	9	